U0933671

如何培养卓越口才

刘少影◎编著

天津出版传媒集团
天津人民出版社

图书在版编目（CIP）数据

如何培养卓越口才 / 刘少影编著 . -- 天津 : 天津人民出版社 , 2020.1

ISBN 978-7-201-15783-2

Ⅰ . ①如… Ⅱ . ①刘… Ⅲ . ①口才学—通俗读物 Ⅳ . ① H019-49

中国版本图书馆 CIP 数据核字 (2020) 第 004367 号

如何培养卓越口才

RUHE PEIYANG ZHUOYUE KOUCAI

出　　版　天津人民出版社
出 版 人　刘　庆
地　　址　天津市和平区西康路 35 号康岳大厦
邮政编码　300051
邮购电话　022-23332469
网　　址　http: //www.tjrmcbs.com
电子信箱　reader@tjrmcbs.com

责任编辑　刘子伯
装帧设计　那维俊

制版印刷　三河市恒升印装有限公司
经　　销　全国新华书店

开　　本　710 × 1000　　1/16
印　　张　16
字　　数　200 千字
版次印次　2020 年 1 月第 1 版　2020 年 1 月第 1 次印刷
定　　价　39.80 元

目 录
Contents

第一章　拥有卓越口才，精彩表达更能打动人心

第二章　拥有卓越口才，让你的话语重若千钧

第三章　拥有卓越口才，风趣让你拥有非凡吸引力

第四章　拥有卓越口才，灵活生动的表达能有效果

第五章　拥有卓越口才，一句话说在问题关键处

第六章 拥有卓越口才，告别粗鲁的沟通模式

第七章 拥有卓越口才，和颜悦色说话更有味道

第八章 拥有卓越口才，条理清晰让你无懈可击

第九章 拥有卓越口才，轻松出口跟所有人畅聊

第十章 拥有卓越口才，让语言变得灵动起来

第十一章　拥有卓越口才，巧做“及时雨”

第十二章　拥有卓越口才，倾听是掌握沟通术的表现

第一章

拥有卓越口才，精彩表达更能打动人心

把话说的出彩，让表达变得有吸引力

根据口才的含义和口语表达的构成要素，一个人有口语表达能力应当具备以下几个条件。

1. 掌握灵活多变的表达技巧

即能根据交际意图和目的熟练地运用语言技巧来展开话语、表达思想，同时应具有灵活机智的应变能力，即对应情况而说话。《论语·选进篇》中讲了这样一个故事：子路和冉有都问孔子，“闻斯行诸”的意思是听到的事就马上做吗？孔子在回答子路时说：“有父亲、哥哥在，应听听他们的，怎能听到了就做呢？”在回答冉有时又说：“听到了就干起来。”这两个截然不同的回答，使在座的公西华大惑不解。孔子解释说：“冉有胆量小，平时做事退缩，所以我说一听到了就干起来，是鼓励他，给他壮胆；子路胆量大得超过一般人，勇于作为，所以我说，有父亲、哥哥在，要压一压，使他有所退让。”这件事一向被用做孔子“因材施教”的例证，其实也是说话看对象、针对不同实际情况而选择不同说话内容的范例。

2. 具有明确的对象意识和语境意识如果不顾场合，不看对象，夸夸其谈，滔滔不绝，这种“能说会道”的行为只会引起反感甚至厌恶，不能称之为有口才。荀子在《劝学》中曾明确指出：“未可与言而言谓之傲（急躁），可与言而不言谓之隐，不观气色而言谓之瞽（盲人）。”这说明讲话应随境而发，相机行事。

3. 具有较高的领悟能力和反馈能力

即能准确地接受和理解，又能做出恰当、必要的应付。这是与人交谈很关键的一条。在口语交际时，说话者不仅要表达，而且还要接受，即领悟对方话语或表情动作等体态语所蕴含的意思，同时还要做出有针对性的反馈。1969 年 9 月，基辛格就越战问题与苏联驻美国大使多勃雷宁举行会谈。正当发言时，尼克松总统打来电话，谈了几分钟之后，基辛格对多勃雷宁说："总统刚才在电话里对我说，关于越南问题，'列车刚刚开出车站'，现在正在轨道上行驶。"老练的多勃雷宁试图缓和一下气氛，接过话头说："我希望是架飞机而不是火车，因为飞机中途还能改变航向。"基辛格立即回答说："总统是非常注意措辞的，我相信他说一不二，他说的是火车。"在这段对话中基辛格从坚持自己立场的原则出发，不仅明确地理解多勃雷宁变"火车"为"飞机"的用意，而且采取"借言"的方式维护了自己的观点，显示出机智的外交家风采。

4. 说话内容的深浅要与对方的接受能力相宜

《论语·雍也篇》说："中人以上，可以语上也；中人以下，不可以语上也。"对中等水平的人可以讲说高深的道理，对中等以下水平的人就不可以讲说高深的道理，说话的内容超过或低于对方的接受能力都不会收到好效果。

措辞，是指人们在说话交流过程中，经过深思熟虑，综合考虑对方的思想、情感、心理特征、个性特点、学历背景、生活习惯等因素的情况之下，精心选用恰当的词语、句子，有效表达自己的意思，并让受众易于理解、接受、相信的一个互动过程。

我们平时说话表达，要注意措辞，这直接关系到你的说话能否达成效果。

比如，想让别人帮忙时，有人会这样说：

"喂，帮一下忙。"

可结果呢？就得看对方当时的心情了。

得到的回答很可能是"我现在没空"，或是"我正在忙呢"。

在这种时候，不妨试试下面的说法：

"劳驾，请帮一下忙，好吗？"

这样一说，一般人会乐意为你效劳的。

人的行为意愿，会受到措辞的影响。同样的意思，措辞不同，表达效果就会不一样，听众的回应结果也截然不同，或赞同，或拒绝。上述例子中，第二种措辞就更容易打动人心，让人接受。

说话表达，深究起来，是一件比做文章、读文章难的事。做文章，可以细细推敲，再三订正；读文章，可以细细体味，详加研究。说话表达就不能这样了，因为一言既出，驷马难追！所以你与人对话，应该特别留神，审慎措辞，用心说好每句话。

你要说的话，最好事前先打腹稿，记住纲要，免得临时遗漏。说话开头，先要定一定神，态度从容，双目注视对方的脸，表示出诚挚的神情，并随时注意他是赞成你的意见，还是不以为意。也要随时调整你的说法，如果发觉他露出不愿意多听的神情，你就该设法收束话题，如果他有疑问，你就该多加解释，如果他乐于接受你的见解，你就该单刀直入，再不要绕圈子，如果发觉他要插口的样子，你就该请他发表意见，他的答话，你要特别留神。

你对人回答，也要准确有力。认为对的，就回答他一声："很好。"认为不对的，回答他："这个问题很难说。"自认为可以办到的就回答他："我去试试，但成功与否不敢肯定。"自认为办不到的就回答他："这件事太困难了，恐怕没多大的希望。"总之，不要说得太肯定。太肯定的回答，最易造成不欢的后果。一切回答，必须留有回旋的余地，万一临时不能决定，你可以回答："待我考虑后，再答复你吧！"或者说："待我与某方面商量后，由某方面答复吧！"前者是接受与不接受各占一半，后者多数是婉言拒绝。如果对方唠叨不止，你不愿意再听下去，也有几个方法可以应付，你可以乱以他语，乘机谈谈别的事情，转移谈话目标，也可以说"好的，今天谈到此处为止"，然后立起身来，说声："对不起，再见！再见！"他自然会中止谈话，离开你那里。

说话掷地有声，表达精准有力

一个人说话缺少力度，意思表达就会含糊不清，言不达意，听者也不知其说的什么意思。只有说话有力量，表达有力度，字字句句都精准地表情达意，才能产生应有的沟通效果。

那么，怎样说话才算有力度呢？

1. 说话要经得住推敲

一个人说话是否有力，要看是否有客观依据，即经得起推敲，只有经得起推敲的话才有充分的说服力。

在林肯当律师的时候，一位叫小阿姆斯特朗的人因涉嫌杀人案而被捕入狱。小阿姆斯特朗不服，提出上诉，林肯找到被告证人福尔逊。福尔逊发誓说在 10 月 18 日的晚上，清楚地目击了小阿姆斯特朗用枪击毙了受害者的全过程。对此，林肯要求复审。林肯先问证人福尔逊："你发誓说看清了小阿姆斯特朗？"福尔逊答："我发誓看清了。"

林肯问："你在草堆后，小阿姆斯特朗在大树下，两处相距二三十米，你能看清吗？"

福尔逊答："看得很清楚，因为月光很亮。"

林肯问："你肯定不是从衣着方面看清是他的吗？"

福尔逊答："不是的，我能肯定我看清了他的脸，因为月光照亮了他的脸。"

林肯问："你能肯定时间是在 11 时吗？"

福尔逊回答："我能肯定，因为我回家时看了钟，那时是 11 时 15 分。"

林肯问到这里，便转过身来，语惊四座："我不能不告诉大家，证人福尔逊所说的全是谎言。他一口咬定10月18日晚上11时在月光下看清了被告的脸。我们都知道，10月18日那天是上弦月，晚上11时月亮都已经下山了，哪里还会有什么月光？退一步说，也许他的时间记得不十分清楚，时间稍有提前。但那时，月光是从西往东照，草堆在东，大树在西，如果被告的脸对着草堆，脸上是不可能有月光的。”

大家先是一阵沉默，紧接着是掌声、欢呼声一起迸发出来。福尔逊则傻了眼。

林肯借助客观事实推理，充分揭穿了福尔逊的谎言，使一桩冤案得到昭雪。

2. 态度要诚恳

古语讲“至诚足以感人”，要想说出有力的话诚恳是关键，一个人无论说什么都可以，但若是口是心非，所说的话肯定不会有力量。

3. 道歉得当

我国古来有句俗语叫作“谦，美德也，过谦则诈”。我们对别人说话，谦虚是应该有的，因为你的谦虚，会让别人容易接近。可是，你过分地谦虚了，你的谦虚便失去了价值，而且别人也无法相信你。一位演说家，当他登台之后，便对听众说道：“诸位，真是很对不起，今天我所讲的题目，并不是我所熟悉的，我对这题目也没有多少的研究，准备不充分，所以今天所讲的可能没有多大价值，讲得不好，请一定见谅。”

一位演讲者对台下听众这样讲，在他自己看来是谦虚，可是别人能否相信他呢？所以，我们要想说话有力，首先谦虚应该得当。

广博、严谨的知识结构是沟通的坚实底蕴

语言是以生活为内容的，没有生活，话就无从谈起，而生活内容越丰富，谈话内容自然也越精彩。因此，我们要想说出有水平高质量的话，一是要用心观察和体会生活的点滴；二是要积累各种知识，做一个生活上的有心人。

古人说，“腹有诗书气自华”，广博、严谨的知识结构是表达者妙语连珠、左右逢源的坚实底蕴。当一个人在某些方面的经验和知识多于周围其他人时，他就对该方面的话题取得了发言权，并且有充分的自信心。因此，只有具备多方面的知识，我们才能赢得更多的发言权，才能自如地在各种场合准确表达自己的观点。要求一个人什么都懂并不现实，但至少要对自己的专业知识和职业知识有足够的了解，尤其要多掌握一些文化、历史、哲学方面的知识。这样，你就能出口成章，言之有物。

知识丰富会扩大一个人的想象力，而想象力会为思维和语言插上翅膀。要在语言表达中“飞”起来，就必须在生活中通过学习和实践长出这样的翅膀。如果你想拥有出众的口才，就要像酿蜜的蜜蜂那样，终日在生活的百花园里采撷；要像淘金的老汉那样，在沙砾中筛出真金。我国历代的丰富语言宝库，五湖四海的优秀语言财富，鲜明生动的民间语言，精心雕琢的书面语汇，都是我们应挖掘出的“富矿”。

首先，可直接从生活中向人民群众学习语言。生活是语言最丰富的源泉，要使自己的语言丰富起来，就要从生活中汲取，老舍说：“在生活中找语言，语言就有了根。学习语言要博采口语。”俄国伟大的批判现实主义作家列夫·托尔斯泰称赞农民是语言的“大家”。语言的“天才”，的确存在于人民群众之中。比

如：我们讲话常用程度副词“很”，而“很黑”在人民群众的口语中，却用更精确、更形象、更简练的“漆黑”来表达。学习语言还要多看，即勤于观察、体验，真正熟悉你的对象，掌握它的声调、声色等，而不是生搬硬套。

其次，要多读中外名著。“熟读唐诗三百首，不会吟诗也会吟”的经验之谈，是大家所熟悉的。它告诉人们要提高口才技巧，就应多读名著。“穷书万卷常暗诵”，心领神会，自会产生强烈的兴趣；体味语言的精微之处，就能唤起灵敏的感觉；熟悉名篇佳作的精彩妙笔，可戳获得丰富的词汇，演说和讲话时优美的语言会不请自来。

最后，知识贫乏是造成语言贫乏，特别是词汇贫乏的一个重要的原因。生活积累和语言知识，是决定一个人说话水平高低的关键。有本书上说，生活是语言的王国；你要努力使自己成为这个王国里的王者。

厚积薄发，知识积累越多的人讲话越让人喜欢

人类知识包罗万象、纷繁复杂，也是讲话表达时侃侃而谈的力量之源。知识在于厚积而薄发，有深厚知识积累的人，讲起话来，也底气十足，成竹在胸。有的人说话之所以很有水平，有气势，究其根本原因，就在于丰厚的知识积累。胸有成竹，欲发则出；积之愈深，言之愈佳。

交谈看起来好像是临场发挥，其实也是平时积累的结果。要想在社交时有话可讲，自由表达，必须注重平时一点一滴的积累。“台上一分钟，台下十年功”说的就是这个道理。

对讲话者来说，知识是多方面的。对不同的人，有不同的知识要求；不同的人，对知识的把握程度也不尽相同。但作为讲话者应当掌握的最基本的知识有以下几方面。

1. 世事知识

世事知识指的是社会生活中方方面面的常识、经验、教训、风土、人情、习俗、掌故等。这种知识是一种客观存在，一般无须潜心去学，只要不脱离社会生活，在实践中都会逐步体会、感悟得到。人们要想丰富自己的语言修养，实现当众讲话的沟通目的，必须具备这类知识。曹雪芹就认为：“世事洞明皆学问，人情练达即文章。”一个不谙世事的人，所发言辞要么造成笑话，要么酿成苦酒。

1974 年，美国康宁公司将一件制作精巧的蜗牛工艺品赠送给中国政府。当时中国正在搞“批林批孔”，江青臆断这是对中国的侮辱，旨在讥讽中国像蜗牛一样龟缩、爬行。周恩来指示外交部急电中国驻美联络处调查。时任联络处对内

参赞，又从小在美国长大的冀朝铸说："不用调查，蜗牛象征有耐心，这是表示祝福的意思。"联络处将冀朝铸这权威性的世事知识报回国内，江青这才悻悻地收敛起发难的嘴脸。这事既说明冀朝铸熟谙世事，也成为江青不懂世事的笑柄。

2. 文化知识

文化是指大文化，是人类在社会历史发展过程中所制造的物质财富和精神财富的总和，诸如天文、地理、历史、文学、艺术、哲学、经济、法律等。这些知识往往以成语、典故、佳作、名言、警句为载体，最能陶冶情操、提高修养、开阔视野，从而使表达者的言辞也更具感染力、说服力、吸引力。这种知识不能从实践中获得，需要孜孜不倦地学习。在人生路上，只要不断积累学习，当众讲话时便会充满活力，如滔滔江水连绵不断。

长期担任毛泽东和周恩来英语翻译的冀朝铸，从小到美国，缺少对中国文化的深刻了解。周恩来对他说："你是当翻译的，中国历史一定要熟悉。要多读历史书籍，才能当好翻译……你常做毛主席的翻译，毛主席最喜欢引用历史典故、古代诗词，如果你不懂历史，不读诗词，就没法做好自己的工作。"

为此，周恩来给冀朝铸开了一张长长的书单要他去读。经过几年锲而不舍的学习，冀朝铸终以博闻强记在外交部闻名，以至于有"老夫子"的雅称。人们每有不解的知识，常说："去问问冀老夫子。"

奇妙比喻使听众有新奇的感觉，让沟通效果更好

有的时候，专业术语在特定场合确实能起到帮助沟通的作用，但前提是听说双方都对这些术语心领神会。在圈外人面前使用术语，只能说明自己的语言表达能力不足。

当你向对方发表意见时，当然不是为了显露你的口才，目的还是为了让他听懂并乐于接受，所以你一定要使用他能听懂的语言。有时候，你为了图省事，说出一个只有自己明白的词汇，为了让对方听懂，你又不得不花一两分钟对这个词汇进行解释，这样不仅没有达到语言凝练的效果，反而费了口舌。

要使语言简练，又能达到形象生动的效果，不妨用打比方的方式说话。生活中的各种道理，一般人都知道，虽然理解上有偏差，但并不陌生。在表达观点或说明道理时，板着面孔，长篇大论地说教，只会令人生厌。如果借助聪明的比喻，使深奥之理变得简单明了，这样就能触动对方记忆中现有的信息，从而心领神会。

有人问爱因斯坦："什么是相对论？"他说："如果一个年轻漂亮的姑娘坐在你的腿上，你会觉得一小时就像五分钟一样短；如果一个皱纹满面的老太太坐在你的腿上，你会觉得五分钟就像一小时一样长。这就是相对论。"

试想，"相对论"是何等高深的学问，要对一个外行讲清楚可不容易。但爱因斯坦通过一个比喻，却在三分钟之内满足了对方的愿望。

比喻贵在抓住事物的特征。《世说新语》中记载：谢安在一个寒冷的下雪的日子里，把家里的子侄们聚集在一起，同他们谈论做文章的规律。不一会儿，雪下大了。谢安兴致勃勃地说："白雪纷纷何所似（这纷纷扬扬的雪花像什么呢）？"

侄儿谢朗回答道："撒盐空中差可拟（在空中撒盐大约可以比拟吧）。"侄女谢道韫却答道："未若柳絮因风起（不如用柳絮随风飘舞来比喻）。"谢安听了大笑，感到十分愉快。

在这则故事中，谢朗把纷飞的白雪比作空中撒盐，谢道韫则比作风卷柳絮。两个比喻都符合"像"的要求，但后者显然优于前者。前者仅仅抓住了雪与盐颜色上的相似，后者则不仅顾及了颜色，而且还抓住了柳絮与雪花轻柔飘飞的形态上的相似之处，这就比以盐喻雪高明得多。

运用这种似乎与本体事物风马牛不相及的类比物形成的奇妙比喻，不仅能够使语言显得简练明朗，而且能使听众有新奇的感觉，从而大大提高了语言的表达力。

沟通小技巧让表达的效果“飞”起来

要想提高自己的语言表达力度，除了要练好语言的基本功外，还需要掌握一些基本的口头表达技巧，这有助于你在谈话中更为自如地表达自己的思想，让你的表达“飞”起来。

以下是口头表达的基本技巧。

1. 轻松自然

约翰·莫菲说：“不要硬是从头脑中榨出一些名言警句。当我们放松下来的时候，很多妙语就会自然而然地产生出来……”甚至在最具刺激性的谈话中，也有50%的内容是没什么意义的。只有经过一段加热过程，思想的车轮才能转动起来。

2. 循循善诱

成为一位出色的交谈家并不在于你有多聪明，或者有多少传奇性的经历，而在于启发、诱导别人讲话。值得一提的是，“你”在谈话中是一个前进的信号，而“我”则是一个停止的信号。要设法把谈话引向对方的兴趣点，多用“为什么”“哪里”“怎么样”等。当他说“我在宁夏老家开了个店”时，你千万不要匆忙抢着说：“啊，我在西安也有两家店铺。而应该问：“在宁夏的什么地方？”

3. 长于忍耐

在与人交谈中，千万不要期望对方一开始就热情高涨，善言者总是等到对方变得热心以后，才试图从他们那里引导出一些有趣的想法，因此，在谈话中一定要长于忍耐。例如，他们会先问“请问您尊姓大名？您是哪里人？您的丈夫干什么？您准备在这儿待多久？您是乘飞机来我市的吧？”等问题，以激起对方的谈话兴趣。谁关心这些？你也许会这样问。诚然，这些问题似乎没有任何风采和智慧可言，但它们的确能使交谈启动起来。

4. 多说赞同的话

如果他说：“我是在农村长大的。”你最好回答：“我也是。”或多少讲一点你有关农业方面的知识和经验，这会让他感到很亲切。如果他说：“我喜欢吃冰淇淋。”恰好你也有同样的爱好，一定要想办法告诉他。如果他说他出生在东北的一个小镇上，碰巧你过去也喜欢在那里度暑假，那你也一定要告诉他……

5. 适当谈谈自己

当有人要求你讲自己的时候，不要守口如瓶地拒绝。稍微告诉对方一点儿你的情况，他会感到十分荣幸，因为你是用非常友好的姿态与他交谈的。

6. 尊重对方

交谈双方应相互尊重，即使已经相熟，也不可胡乱开玩笑，逗弄和取笑会触痛别人的自尊，而威胁他人自尊的任何事情都是危险的，即使在玩笑中也是如此。民意测验的结果表明，人们不喜欢被取笑，即使是他们的亲朋密友。只有在非常亲密的朋友之间，才可以开一些充满善意的玩笑，因为他们是不会追究那些无关紧要的小事的。如果别人非常了解你，非常喜欢你，你也可以与他开个玩笑，但千万别开得过了头。

提高表达能力，锻炼提升语言表达能力

要想使自己的话能够打动人、说服人，就要努力提高自己的语言表达能力。你必须使人觉察你是一个有思想观点的人。绝非是个糊涂虫。单单无聊空谈，是绝不能使对方对你有一点良好印象的，更不能显出你说话的水平。

世界著名的谈话艺术专家切司脱·费尔特先生，曾经教人谈话时注意下列一些问题，以让自己的语言表达有力度。他说道：

“你应该时常说话，但不必说得太长。少叙述故事，除了真正贴切而简短之外，总比绝对不讲为妙。”

“和人谈话，同时也要注意到态度。切不要拉住别人的衣袖，手脚乱画地讲话，应当和顺一些，切忌妄自尊大。谈话最好要一般化，勿作自我的宣传，把自己捧上天去。外表应该坦白而率直，内心应该谨慎而仔细。”

“谈话的时候，姿态可以表现你的诚意，所以要正面向着人家，不要随随便便，不要刻意模仿他人。”

“和人家开口赌咒，闭口发毒誓，是既坏又蠢而且粗鄙拙劣的事。高声的哄笑，是文化素养不高的表现。真实的机智和健全的理性，绝不会引人哄笑的。此外，没有再比咬人耳朵、像蚊虫叫似的谈话态度，更叫人难受的了！”

这位谈话艺术专家以上列的各条警戒人的谈话艺术，除开“禁止大家哄笑”这一条外，都是可以有助提高说话表达力度的。因为粗声喧闹固然有失常态，但是出自情感挑动的大笑，是不会妨害到任何人的。

如果具有丰富的一般知识，你可以拿出来随时应付。一个人既然是社会的人，每天在生活当中，须与他人频繁发生接触，所以对于世界上形形色色的人和事，自己应当努力去获得各方面的知识。

怎样可以得到这些知识，以便在你谈话之时有所帮助呢？一个好方法，便是每天阅读报纸。还有一个方法，是随时留意你周围所发生的事，虽然只是极琐碎的事也不要轻易放过它。另外还有个方法便是时常和人谈话。你和别人闲着无事时聊聊天，次数愈多，不单脑子里可以贮藏起许多知识，可当成下次谈话的资料，而且也可以使你对谈话有兴趣，甚至谈话的技术也会更加熟练起来。

强大的知识储备让你
读书破万卷，表达如有神

“知识就是力量”。说话表达要有力度、有气势，就要有丰富的学识、阅历，对表述材料要充分熟知。“问渠哪得清如许，为有源头活水来”，像毛泽东、周恩来等许多伟人和名人那样谈吐睿智、幽默，都是以学识渊博和阅历丰富为基础的。

追本穷源，一个口才好、善于表达的人，必须经常在知识积累上下功夫。要不断地扩充自己的兴趣，积累讲话的素材，丰富自己的知识，开阔自己的视野。知识丰富、熟知材料是自信自如表达的基础条件，正所谓“充实，是自信的前提”，而“自信，就是力量的源泉”。

著名剧作家曹禺曾说过，哪一天我们对语言着了魔，那才算是进了大门，以后才有可能登堂入室，成为语言方面的富翁。那么，我们应该怎样来具体学习、锤炼语言，提高自己的表达能力呢？下面介绍几种可行、有效的方法。

1. 多读书，多看报

日常生活中，我们每天都离不开报纸、杂志和书籍。在读书看报时，备一支笔、一些卡片纸和一把剪刀，把所见到的好文章或让自己心动的话语殛出来，或剪下来，或摘抄在卡片纸上。每天坚持做，哪怕一天只记一两句，也是很有意义的。日积月累，在谈话表达的时候，你也许就会不经意地用上它们，从而使自己讲话的内容丰富起来。

2. 善于学习

对于谈话的题材和资料，一方面要认真地去吸收，另一方面要好好地去运用。

懂得如何运用，可以使一句普通的话发挥出惊人的效果。学习吸收的目的是为了很好地应用，不能应用的吸收毫无意义。

俗话说：“熟读唐诗三百首，不会吟诗也会吟。”“穷书万卷常暗诵”，吟咏其中，则可心领神会，产生强烈的兴味。摸熟语言的精微之处，则会唤起灵敏的感觉；熟悉名篇佳作的精彩妙笔，则会获得丰富的词汇，自己演说和讲话时，优美的语言亦会不请自来，这并非天方夜谭。其要我们潜心苦读，勤记善想，揣摩寻味，持之以恒，就能尝到醇香厚味，如果反复地用，不断地学，久而久之就可以像郭沫若所说的那样“于无法之中求得法，有法之后求其他”了。

3. 注意搜集并积累警句、谚语

在听别人的演讲或别人的谈话时，随时都可以听到表现人类智慧的警句、谚语。把这些话在心中重复一遍，记在本子上，久而久之，你谈话的题材、资料就越来越多，说话表达也就越来越条理清楚，出口成章。

4. 提高观察问题、思考问题的能力

要提高自己的表达能力，就要不断提高自己观察问题、思考问题时的敏锐性，丰富自己的学识与经验，并增强自己的想象力与敏感性。随着表达能力的提高，你的生活也将丰富多彩，整个人的个性素质和各方面的能力都会提高，从而成为一个善于说话、长于表达的高手。

总之，广博的知识、丰富的阅历可使人在掌握大量材料的基础上当众讲话，听众能从中获取有益的信息，表述者也可从容不迫，挥洒自如，充分占有材料。

只要稍加留意，就会发现许多人在说话中有一些毛病。虽然这些毛病不具有决定意义，但如果不加以注意，就会大大影响我们的谈话和表达效果。

一般人在交谈表达中常常容易出现以下几方面的问题，是需要注意和克服的。

1. 多余的口头禅

有些人喜欢在交谈中使用太多或不必要的口头禅。例如，一些人喜欢在什么地方都加上一句“自然啦”或“当然”一类词句；另一部分人喜欢加太多的“坦白地说”“老实说”一类的套语；也有人喜欢老问别人“你明白么？”或“你听清楚了么？”还有人喜欢说“你说是不是？”或“你觉得怎么样？”如此等等。

像这一类的小毛病，可能你自己平时一点儿也不觉得，最好的办法是问一问你的朋友们，请他们替你注意一下，并时刻提醒你。

2. 滥用流行的字句

某些流行的字句，往往会被不加选择地乱用一番。例如，“纳米”这个词就被滥用了，什么东西前面都牵强地加上“纳米”，“纳米牙刷”“纳米字典”……使人莫名其妙。

3. 乱用一些词

有些人不知是因为偷懒，不肯开动脑筋找更恰当的字眼，还是有其他方面的原因，特别喜欢用一个字或词来表达各种各样的意思，不管这个字或词本身是否有那么多的含义。例如，许多人喜欢用“伟大”这个词。在他的言谈中，什么东西都“伟大”起来了。“你太伟大了”“这盆花太伟大了”“今天吃了一餐伟大的午饭”“这批货物卖了一个伟大的价钱”等，给别人一种华而不实的印象。因此，我们要尽可能地多记一些词汇，使自己的表述尽可能准确而又多样化。

4. 喜欢用夸张的手法

夸张的手法有一种引人注意的效果。不过，我们不能把夸张的手法用得太过分。否则，别人就不会相信你说的话。

在现实生活中，你不可能每次说的都是非常重要的消息；也不可能每次都讲最动人的故事或是最可笑的笑话；你所看的书，不可能每一本都是最精彩的；你所认识的朋友，不可能个个都是最可爱的。不要到处都用最、极、非常、无限等词，如果在你这无数的“最”中，有一个真正的“最”，你怎样表示呢？难道你要这样说：这件事对我来说是最最重要的。如果你真这样说，别人听了也无动于衷，因为他们会认为你是一向喜欢夸大的人。

第二章

拥有卓越口才，让你的话语重若千钧

说话要有条理，颠三倒四是表达的大忌

说话表达是我们交流感情、传递信息的重要沟通方式。在学校与老师、同学交流，在家中与父母兄弟闲谈，向熟悉的人倾诉心声，向陌生的人介绍自己，遇上麻烦寻求帮助，碰上高兴的事想和朋友分享……这一切的一切都需要说话。那么，我们怎样才能使自己的表述清楚，让别人一听就能明白自己所要表达的意思呢？其实抓住中心是表达的关键。

下面是张春同学放学回家后向他的哥哥说的一段话：

“哥哥，今天我们班里发生了一件令人痛心的事情。明天我们班和二班举行篮球赛，王明不能上场，我们班的实力就会受到影响。我的同桌赵杰是我们班的班长，学习可棒了，每次考试都是全班第一名。他还是我们班篮球队的队长，是组织前半场进攻的主力。运动会上，他又是全校的短跑冠军，百米决赛像飞一样，我怎么也跑不过他。今天第三节体育课时，老师进行百米测试，六个人一组，每组跑两次，选一次最快的成绩作为考试成绩。我和赵杰分在一组，第一次赛跑，赵杰比我快 0.3 秒，第二次他又跑在最前面，可是在最后冲刺时，他摔了一跤，脚扭伤了，肿得老高，结果我跑了第一。本来有把握赢球，现在看来胜负难分，大家都很担心。”

读了这段文字，你能明白张春要告诉他哥哥什么事吗？很明显，他说的话没有中心，本来要说班里一件痛心的事，还没说完，又开始介绍赵杰，中间又穿插进运动会，接下来又回到了篮球赛上。整段话语，没有明确的中心，又缺乏条理，让听者一头雾水。

说话要有中心，就是指说话要有目的、有方向，要有意识地说话，先讲什么，再讲什么，应达到能让听者明白清楚理解的目的，要使说话的中心突出、条理清楚，所说的每一句话都要紧紧围绕所说话语的中心，说话前也要理清所说话的思路和线索，不要颠三倒四，指东说西，无关紧要的枝节都要去掉。

其实，做到说话表达有中心，也并不是什么非常困难的事。记住下面的顺口溜，有助于你将话表达得中心突出，条理清晰：

“未曾开口主意定，删枝去叶主干明。按时、按序、按主次，中心突出条理清。”

讲话要求中心话题，摒弃漫无边际的谈话陋习

没有中心的漫无边际地交谈是一种不太容易克服的语言习惯。也许大多数人都对此有些同感。

那些担任企业行政主管职位的人几乎都认为：在商业场合中，最让人头痛的就是说话没有条理、没有重心。

不知道有多少人的时光都因此被销蚀一空——浪费在那些信口开河、多余无聊的话题中去了。有一位工程顾问，他的任务是劝说制造商降低生产成本。他发现，有时只用两滴胶水就可以粘好的东西，人们往往要用五滴以至更多的胶水。这种浪费不仅将导致工厂的生产费用增加，而且还需要工人们花费更多的时间把多余的胶水擦掉。

很多人谈话往往漫无边际，一个字就可以说明白的话偏偏要用上一大堆话。特别是那些儿女已经长大成人，空闲时间越来越多的女人，她们说话时不惜在种种细枝末节上花费大量的口舌，投入无数的光阴，而这些话只有理发师或者美甲师才会去听——也许是为付给他们的报酬就包括这么一项吧。

“振强，”张太太说，“我记得你上次打电话是在礼拜二的中午 11 点，因为就在接你的电话前，胡太太来向我借过面粉。我记得清楚极了，她当时穿了一件粉红色的、缀着蓝色纽扣的衣服，脚上穿着一双平跟咖啡色皮鞋……”

希望这位张太太的言谈不会让你联想到自己。如果你说话的目的是要告诉别人一件事，那就直截了当地说出来，不必扯得太远。

漫无边际地谈话，可能是思路混乱的表现，也可能是想委婉曲折地达到目的

手段。不过，对更多人来说，那只不过是一种习惯，纠正这种习惯其实比一个烟鬼戒掉多年的烟瘾要容易得多。

如果你发现自己就有信口开河的习惯，不妨想象你是在花高价打国际长途电话。试一试这种方法，或许会有神奇的效果！

明确沟通不是一个人的事情，说服对方才是成功

每一种谈话，无论怎样琐碎，总要保持中心点，这也是所谓谈话目的，其目的就是能够促进你和对方的关系。

一次成功的表达要有双方的互动才能实现，并取得良好的效果。如果只顾自己喋喋不休，而不顾别人是否爱听，自然惹人讨厌；而漫无边际地说话，或者毫无目的地找人说一些无关痛痒的话，也不会受人欢迎。除了一些随意的聊天外，一般与人说话，或者找人倾诉，都是有目标的，也就是带着某种目的来沟通。

比如，夫妻之间吵架，想要达到和解的目的，有必要沟通；销售人员要将东西卖给顾客，要达到这个目的，就要千方百计地寻找与顾客沟通的方法；老师要达到教导学生的目的，而言传身教，谆谆教诲，就要与学生做好沟通的工作；领导要传达下属某个旨意，要与下属沟通；同样，下属要找领导汇报情况，请示工作意见，也会与领导进行沟通。

没有明确的目标，表达也就没有目的，也就称不上真正的表达。

与人交谈是为了享受对话的乐趣，谋求彼此心灵的交流，同时完成交谈的目的。

因此，交谈的重点在于要有一个共同的话题，而不应该像一个杂学博士那样逢人就想说教。

在交谈的时候，有些人总是显得不耐烦，使交谈没有活跃的气氛。这种情况多半是因为话题没有回应的话所造成的。再者，自己若是对这次的交谈不感兴趣，

自然也会出现这种情况。

在社交活动中，没有人喜欢在别人面前只谈自己，也没有人愿意奉陪夸夸其谈却无半点意义的说话者，说话只讲自己喜欢的话题而跟别人毫无关系，这对倾听者来说也是难以忍受的。

只有围绕目的来表达，而对方又能善解人意地帮助自己完成了目的，才是沟通的双赢。

没有明确目标的沟通，就如同没有目的地做事一样

没有明确目标的沟通，就如同没有目的地做事一样，说了什么话、办了什么事，连自己都不清楚，稀里糊涂，对别人的感受也无从知晓。甚至可能会觉得，话也说了，该说的不该说的，对方也听见了，就算是沟通了一次，然而，这种态度对对方来讲并没有起作用，带来的是更多的反感。

反之，带着目的的沟通，更能体现沟通的重要性，有利于人际关系的和谐。

著名科学家法拉第进入英国皇家学院工作，介绍人是戴维爵士，他们之间进行了一次有趣的谈话：

戴维："很抱歉，我们的谈话随时可能被打断。不过你还算幸运，此时此刻仪器没有爆炸。法拉第先生，信和笔记本我都看了。你在信中好像没有说明在哪里上的大学。"

法拉第："我没有上过大学，先生。"

戴维："噢？但你做的笔记说明你显然是理解这一切的，那又怎样解释呢？"

法拉第："我尽可能去学习一切知识，我还在自己房间里建立了小实验室。"

戴维："年轻人，我很感动。不过，可能因为没到实验室中干过，所以才愿意到这儿来。科学太艰苦，要付出极大的劳动，而只有微薄的报酬。"

法拉第："但是，只要能做好这件工作，本身就是一种报酬啊。"

戴维："哈哈，你在看我眼边的伤疤，这是我在实验中引起的一次爆炸留下的。我想，你装订的那些书籍总不曾将你炸痛，让你出血或把你打晕吧？"

法拉第："是的，不曾有过，但每当我翻开装订的科学书籍，它的目录常常

使我目瞪口呆，神魂颠倒。”

这段对话重点突出，详略得当，饶有趣味。戴维爵士所强调的是从事科学研究不是一件轻松的事，需要付出艰苦的劳动，甚至要付出伤残或牺牲的代价，而法拉第所表示的是对知识的强烈渴望，对科学的执着：楚求。谈话结果，戴维破例让法拉第当了自己的助手。后来，有人要戴维填表列举自己对科学的贡献，他在表的最后写道：“最大的贡献——从一句话中发现了法拉第。”假如当初一个强调学历，另一个贪图金钱，那肯定是另一番情形了。

所以，表达不是信口开河，想说什么就说什么；表达也不是天南地北无所不聊，万事通也要看在什么人面前表现。说话东拉西拉，不着边际，让人不知所云，如坠雾中，听了半天不知要表达什么意思，这样的表达只能是失败的。

真正的表达是有明确目标的，要为了实现某种目的来表达，或解决矛盾，或寻求意见，或请求帮助，或答疑解惑，或谈判合作。没有无目的的表达，表达必然要取得某个结果，才算达到了目的。

说话有条理表达有中心，使人一听就信服

说话如果词不达意，抓不住重点，表达自然也就效果甚微，难以达到说服沟通的目的。说话表达要出效果，就要有中心有条理。

春秋时期，晋国和秦国联合包围了郑国的都城，郑国危在旦夕。烛之武受郑文公的委派，见了秦穆公，说：“秦、晋两国联军围攻郑国都城，郑国人已经知道自己死定了。如果灭掉郑国能够对您有好处，您劳师动众还值得。但是，隔着晋国的大片疆土来把远方的郑国作为贵国的边疆，您懂得这是不大好办的。何必灭掉郑国来便宜您的邻邦？邻邦的版图扩张，就是贵国的实力削弱啊。如果能够保留下郑国，作为您东方通道上的接待站。这对您并没有害处。再说，那个晋国，哪里会有满足的时候，等它在东方向郑国开拓了疆土，就会再向西方去搞扩张。如果不去损害贵国，它又好向哪里去夺取土地！像这样损害贵国来养肥晋国的做法，您要多多考虑啊！”秦穆公听了打心底同意，就跟郑国订了和约，晋国看到这种情况，也就撤兵回国了。

烛之武这一番话，使郑国免了亡国之祸。从这番话里，我们可以得到一个启发：说话要有中心。烛之武撇开郑国的存亡不谈，紧紧围绕灭郑对秦国的利弊来谈，这就突出了问题的关键，使秦穆公透过错综复杂的关系，认识到灭郑只能加强晋国、削弱秦国，从而接受了烛之武的观点。试想，如果烛之武在谈话中旁枝四出，说了许多与秦国的利益无关的话，就把谈话的中心淹没了，当然不可能取得很好的效果。

说话要有条理，表达要有中心，先说什么，后说什么，要有一个合理的顺序。烛之武这番话，一开头就表明自己是为秦国的利益来做说客的，这样就消除了对

方的戒心。接着从地理位置分析灭郑对秦有害，存郑对秦有益。最后指明晋国才是秦国的潜在敌人，提请秦穆公考虑；因灭郑而加强晋国对自己是否合算。这番话说得有条有理，中心突出，使人一听就信服。如果颠三倒四，头绪不清，人们听了不得要领，就很难有什么说服力了。

要使说话中心突出，条理清楚，就要在说话前理清思路和线索。紧紧抓住中心，把无关的枝节统统去掉，切勿求全求多；把材料的先后安排好，力求层次清晰，眉目分明，避免乱了套。

说话言之有物，表达有的放矢，才能达到沟通的效果

说话言之有物，表达有的放矢，才能达到预期的效果。

《周易·家人》：“君子以言有物，而行有恒。”人们在日常生活中都会遇到这样的情况，不管是听别人做讲座，领导做报告，还是和周围的人聊天，都会碰到言之无物、空洞乏味的时候，上面讲得很热闹，下面听众却觉得困顿乏味，嫌内容假大空，虚无缥缈，不知所云。听众最怕听到的讲话是言之无物，不知所云。

为什么会出现言之无物的情况呢？究其根本，问题在于谈话者、演讲者没有很好地理解自己的讲话内容。自己都不明白为什么要说话，怎么能期待给听众一个内容充实、言之有物的表达呢？要解决这个问题其实并不困难，简单地说就是要很充分地精心准备自己的讲话内容，在开口讲话之前比较透彻地理解问题，才能在表达时做到言之有物，有的放矢。

有一天，林肯律师事务所来了一位行走蹒跚的年老寡妇，她是一位阵亡士兵的妻室。她向林肯泣诉，说她应该领取的四百元的抚恤金，被一位发放抚恤金的官吏强索去二百元的手续费。林肯听了勃然大怒，立刻为她向法庭对那位官吏提起了诉讼。

开庭的时候，林肯用愤怒的目光看着被告，他所说的话，差不多每个字都是十分中肯且言之有物，那种严正的态度、热烈的情感，几乎使他跳起来剥掉那位被告的皮：“时间一直向前迈进，在 1776 年的英雄，已经成为过去了，他们是被安置在另一个世界中了。但是，那位英雄已经长眠地下，他的年老衰颓而且又跛的遗孀，此刻来到我们的面前，请求替她申冤。在过去，她也是体态轻盈、声

音曼妙的美丽少女，现在她贫无所依了，没有办法，只好来向享受革命先烈所争取到自由的我们，请求给予同情的帮助和人道的保护。我现在所要问的是，我们是不是应该援助她？”

当林肯这样一段中肯的话说完了，居然有人感慨得流下眼泪，大家一致认为那老妇人的抚恤金是分文不能少给的。法庭最后分文不少地追回了士兵遗孀的抚恤金，严肃审判了那个官吏。

不论对谁说话，都要避免空洞的内容，去除那些泛泛而谈、不着边际的言论。言之有物，表达的内容就会充实，就能吸引听者关注，激发听者的兴趣，进而增进交流，达到预期沟通效果。

只要对症下药，任何难题都有解决的办法

当问题发生时，你看到的只是表面的结果；问题为什么会发生，这才是你真正应该探究的原因。

找出根源，你也等于找出了答案。

业务员小周有一个令他十分头疼的客户，这个客户专爱欠账，而且往往一拖就是好几个月。

为了这个客户，小周不知道让经理给数落了多少次。其实，并不是他不积极地去催账，只是这家公司老板老谋深算，只要秘书一听见电话那头传来小周的声音，便会马上接着说："我们老板不在。"然后，"咔嚓"一声挂断了电话，叫小周向谁开口要钱呢？

若是直接跑到客户的公司门口，柜台小姐一看到他，便一定会中气十足地扯着嗓子喊道："真是不巧，我们老板今天不在！"

做生意做得这么痛苦，小周不是没想过干脆不要和这家公司打交道，只是市道冷清，如果放掉这条大鱼，可能会连鱼干都吃不到！为了长期的利润着想，小周只好硬着头皮，一次又一次地上门去碰钉子。

终于有一天，小周想出了一个对症下药的办法。他匆匆忙忙地来到客户的公司。照例，在门口就吃了柜台小姐的闭门羹，她大声地喊道："我们老板不在，请你先回去，等老板回来我再请他打电话给你。"

小周只好点了点头，转身走向门口。临出门前，像是忽然记起了一件事情，他走回柜台，从公文包里掏出一封信交给柜台小姐："要是老板回来了，麻烦把这封信转交给他。"

说完，小周就急忙离去。

过了一会儿，又看到小周气喘如牛地走回来，他上气不接下气地对柜台小姐说：“很对不起，刚才的信给错了，请还给我。这封信才是给老板的。”

柜台小姐走到办公室里拿了那封信出来交还给小周。

小周瞄了信封一眼，发现信封已经有被拆开过的痕迹，兴奋地说：“太好了！老板已经回来了，请带我去见他。”

就这样，小周顺利地见着了老板，拿到了货款。在把货款放进公文包的同时，他看了看皮包里那封被拆开的信，信封上写着：“内有现金，请亲启。”小周脸上浮现了得意的笑容。小周的问题是什么？他有一个贪心的客户，因为贪心，所以欠账，如果想要成功收回账款，小周必须先从人性的贪婪面着手。

任何问题的答案，都隐藏在问题之中。没有人可以处理一个自己不知道是什么问题的问题，解决问题的第一步，是深入了解。

如果对方是一个贪心的人，你就必须诱之以利；如果问题只是来自于误解，你便可以釜底抽薪。

世界上没有解决不了的问题，有的只是你不了解的问题。当你了解了问题的症结在哪里，你便可以得知该从哪里谈起，也就知道如何去表达，如何去解决问题。

选准突破“点”，达到说服别人的目的

在交谈中，要想达到说服别人的目的，关键是要选准“点”，攻其一点才能一举取胜。

在攻其一点上，要注意选准的“点”与我们的推断须有必然联系。

在运用攻其一点的方法时，必须把事物之间多重关系加以割裂和缩减。然后把割裂和缩减后的关系在事物中的作用加以夸大，并依此为依据，推出不具必然性的结论。

闻一多是一名正直而有威望的学者，当他转变为坚定的民主战士的时候，引起了反动派的恐慌。他们四处造谣攻击说：“别听闻一多那一套，他还不是肚子饿得发慌，才变得这么偏激。”对这一点闻一多显得很坦然，他反驳道：“这话也有几分道理，我确实挨过饿，正是因为我挨过饿，才懂得那些没有挨过饿的先生们所无法懂得的事情。正因为我现在能够稍微吃得饱一点，有点力气，我就要把这些事情讲出来，是不是这就是‘偏激’？让那些从来都是吃得很饱的先生们，爱怎么说就怎么说吧！但是，我只知道国家糟到这步田地，人民痛苦到最后一滴血都要被榨光，自己再不出来说说公正的话，便是可耻的自私。”

闻一多针对反动派的谎言进行反驳，突破对方的防线。取得了论辩的胜利。

选准“点”，发现、捕捉易被忽视但却能使对方措手不及的弱点、缺点、疑点等，然后以点带面，发起攻击，击中“要害”，达到说服对方的目的。

如果在与人交谈时，必须在极其短的时间内说出对别人的要求，以及向对方说明如此做了以后，他们能够获得什么样的利益时，你千万不能婆婆妈妈地为一些琐屑的细节所羁绊，只要简单地说出你的重点主张就行了。

1. 坚定自信地说出要点

所谓的“要点”，就是你与对方交谈所要实现的最终目的。为了使对方依赖你，对于完成你的要求或实现某一目标充满信心，所以你一定要信心十足地说出来。

2. 使对方明白采取行动

不管你所阐述的是哪一种问题，你的目的就是要把问题的要点以及要求对方采取什么样的行动，简单扼要地表达出来，以便让对方容易理解，这样才能够让对方顺利展开行动。为了达到这个目的，最妥善的方法就是把关键部分具体地说出来。

3. 具体而精当地叙述要点

当你要求对方做一些什么事情时，必须进行精当的叙述，因为对方只会做他们明白理解的事情。他们既然要依照你的话采取行动，那么你就得准确而精练地把自己的意思表达出来。

第三章

拥有卓越口才，风趣让你拥有非凡吸引力

幽默谈吐有魔力，可以增强人际吸引力

唐代汪伦住在安徽泾县桃花潭畔。他与李白素不相识，却十分仰慕这位大诗人，很想一睹“诗仙”的风采，和他交个朋友。恰好李白游历名山大川来到皖南。汪伦觉得这是结交李白的好机会。

可是怎样才能把李白邀来呢？他想到李白喜欢桃花和酒，便灵机一动，给李白写了一封邀请信。信上说：“先生好游乎？此地有十里桃花。先生好饮乎？此地有万家酒店。”

李白接到此信，欣然而至。见面寒暄已毕，李白说：“我是特地来观看十里桃花，品尝万家美酒的。”

汪伦回答：“此地确有十里桃花，就是十里之外的桃花潭；也有万家酒店，就是桃花潭西一个姓万人家开的酒店。”

李白听罢，方知自己“上当”了，不禁大笑不已。他知道汪伦出于一片真情，毫不怪罪对方的玩笑之语。两人一起游玩数日，十分投合。

分别时，两人已成了相交甚厚的朋友，李白感激汪伦待己的盛情，写下了《赠汪伦》这首歌颂友情的千古绝唱：“李白乘舟将欲行，忽闻岸上踏歌声。桃花潭水深千尺，不及汪伦送我情。”

为什么李白会与汪伦做朋友？因为汪伦是一个有趣的人。有趣的人总是受人欢迎，因为他们能够营造融洽的交流氛围，让人感受到轻松与快乐。

有位于先生，人称“于大本事”。其实他的身份并不显赫，社会地位也不高，平时就是倒腾服装，做点儿小生意，但他的影响力绝对一流，他的圈子很广，三教九流他都能玩得转，有什么事只要找到他，基本上都能搞定。他为什么这么有

本事呢？因为他是一个有趣的人。

有一次，“于大本事”和一个身份相当高的朋友出去吃饭，那朋友喝高了，酒后吐真言，感慨地说：“我活着最大的乐趣就是和哥哥你喝酒、聊天，听你讲笑话。我看见你就特放松。真的，你别看我平时风光，那都是假的，活得很累，只有和你在一起喝酒的时候，我才觉得自在快活。”

这事说明幽默的力量。“于大本事”不过是个小商贩，可他能说会道，见多识广，是个非常有意思的人。天生的幽默感，使他的一言一行都能让人开怀大笑。无论任何场合，只要有他在，绝对不冷场，绝对是好戏连台。

他的一首歌、一个眼神或一句话都能让你捧腹大笑。他的搞笑的段子张口就来，不用思考，说得恰到好处。所以，大家都喜欢他，但凡和他吃过一次饭的人，下一次都会记得叫上他，没有他在，大家都感觉心里空落落的。这就是“于大本事”的真本事。

每个人都喜欢有趣的人，尤其是在这个生活节奏很快、压力巨大的年代，人人都喜欢“开心果”。你是个有趣的人，那你在世界的任何一个角落都受欢迎。

有一次，“于大本事”出差，在机场大厅等候班机时，他与邻座的男士攀谈了起来。那位男士带着一个小男孩，由于孩子调皮好动，他渐渐有些不知所措。

这时，大厅中提示登机的广播响起。“于大本事”站起身来，同情地拍了拍男士的肩膀，说：“保重，老兄。”

那位男士很奇怪，不明白这位萍水相逢的人为何如此郑重其事地与自己道别。而“于大本事”接下来的一句话把他给逗乐了：“地球上，没有比七岁的小男孩更可怕的生物了，他们有好奇心、行动力、破坏力，以及《未成年人保护法》。”

那位男士听完，哈哈大笑，和“于大本事”交换了名片。回到家后，他每每为儿子的调皮伤脑筋，想起“于大本事”的趣话，就偷着乐，于是便会主动拨通“于大本事”的电话，与之攀谈。就这样，这位男士成了“于大本事”的商业合作伙伴。

像“于大本事”这样有趣的人，根本不用费心思主动搭讪，就能够把陌生人吸引到他的身边，这种变被动为主动的本事，就是依靠幽默获得的。幽默风趣的谈吐，不仅给他人留下了美好的回忆，也为自己下一次同对方交流创造了机会。假如你有这样的幽默感，你也会成为一个广受欢迎的人。

若你想成为风趣幽默的人，可以进行一些训练：第一，广读博学，长期积累，训练自己的语言表达能力；第二，多搜集，多思考，把一些幽默的段子烂熟于心；第三，多效仿，多锻炼，平时留意一下那些幽默有趣的人是怎样说话做事的，模仿他们的言行，如果你身边没有这样的人，你也可以模仿电视上的小品或相声演员；第四，乐观豁达，心胸开阔，体谅他人，而且善解人意；第五，保持自信，自卑是社交的大忌，你要相信自己是个受欢迎的人、有魅力的人、有资本的人。

用幽默提醒婉转表达感受，巧找借口化尴尬

有一个小伙子到未婚妻家吃饭，接受准岳父母的考验。未婚妻特别叮嘱道："我们家里有个规矩，客人不能给自己添饭，否则的话，会被认为不礼貌，你可千万得记住啊！"

小伙子答道："饭来伸手，我又何乐而不为呢？"

没想到的是，在吃饭的时候，未婚妻和准岳母随便吃了一点就干别的事情去了。而准岳父几杯酒下肚，话匣子打开，开始眉飞色舞地神侃，根本就没有注意到准女婿的饭碗早已空空如也。

小伙子见满桌的美馔佳肴，举箸沉思，灵机一动，便计上心来。他开口道："伯父，你们打不打算修房子呀？"

准岳父说："修倒想修，就是眼下木料紧张。"

小伙子接着说："我有个朋友有批木料，还是柏木，最小的就有这么大。"说着，他把碗一举。

准岳父发现他的碗里早就空了，赶紧叫道："老婆子快添饭！"

小伙子顺利渡过了这一难关，又吃上了饭，便不再提木料的事，可是准岳父却还挂念着这事。他继续问："你刚才说的那批木料，他卖了吗？"

小伙子夹了一口菜，便道："他先前没有饭吃，打算卖，现在实行了责任制，有饭吃了，他就不卖了。"

要知道，许多人遇到这种情形，因为怕失礼，往往强忍饥饿，装成吃饱的样子放碗离席。如此倒是全了礼数，却委屈了自己的肚子。

这个小伙子却非常聪明，巧妙地找到一个话题，让准岳父感兴趣，并借机展

示自己的空碗，从而达到了目的。

而且，最后他还隐约地点出自己谈这个话题的动机，让未来的岳父明白他的意思，如此幽默提醒，让准岳父对他刮目相看，连说“这小伙子机灵，十分要得”。

如果小伙子直接说“我的饭没了”，或者说“还有饭吗”，那么作为主人，往往就会觉得很丢脸——竟然没有注意到客人的饭碗空了，实在是照顾不周啊。有的主人还会觉得：“这孩子倒也老实，只是看上去一副傻模样，脑瓜好像不太好使。”

那么，小伙子忍着不说呢？那就只有饿着肚子了。而且，小伙子回到家里还不能埋怨，否则准岳父会想：“饿着肚子，还不知道言语？这个小伙子可真傻，胆子好像也不大，我女儿嫁给他，能行吗？”

很显然，故事里的小伙子不傻，他采用了一种幽默的提醒方式，机灵地提出了自己的要求，让准岳父对他高看一眼。

小伙子与准岳父的谈话，相互之间还存在一些顾及，所以幽默提醒非常婉转。而朋友之间不需要虚假的客套，互相打趣甚至嘲讽一下反能增进友情。

比如，到朋友家吃饭时间到了，你不必假模假样地说“吃过了”，尽管痛快地饱餐一顿即可。即使朋友没有为你准备饭，也可以开玩笑，提醒朋友别忘记招待你。

一天，老李到朋友家拜访。这位朋友是个爱好音乐的人，他拿出各种乐器，一件一件地演奏给老张欣赏。这样一直过了中午，老李肚子早饿了，可是朋友还在没完没了地拨弄乐器。

朋友兴致勃勃地问老李：“老兄，你说世界上什么声音最好听？是二胡，还是笛子，抑或是小提琴呢？”

老李回答说：“朋友，这会儿，世界上什么声音都没有饭勺刮锅的声音好听呀！”

旁敲侧击、巧找借口，能为你在尴尬中找到一个很好的解决方法，但得注意在语言表达上一定要温婉谦和，否则效果可能会适得其反。只有正确而巧妙地运用了幽默这种说话方式，别人才爱听。

特别是初次交谈时，彼此陌生而导致的拘谨会使一些本该轻松平常的事遭遇尴尬。这时最巧妙的方法便是采用旁敲侧击的幽默话，让对方明白你的意图和苦衷，通过这种找借口的方式得以脱困。

生活中常常会有许多意想不到的情形出现，令毫无准备的你感到十分难堪。有的人会手足无措，陷于困境当中，只能委屈自己；而聪明的人则会用幽默的眼光来看待它，从独特的视角出发，找出解决问题的办法。

巧找借口、旁敲侧击的幽默提醒就是一种有趣而实用的客套话方法，使用这一方法，可以帮助你避免尴尬，活跃气氛，达到目的。通过挖掘出一些可资借鉴的东西，并不失时机地用巧妙含蓄、温婉谦和的方式表达出来，不仅避免了尴尬，还能在笑声中增加彼此的了解和信任。如此，岂不是一举多得？

能够自嘲的人是智者中的智者，沟通高手中的高手

古代有个石学士，一次在闹市中骑驴不慎摔在地上。一般人遇到这种情况一定会不知所措，可这位石学士不慌不忙地站起来，说："亏我是石学士，要是瓦的，还不摔成碎片？"一句妙语说得在场的人哈哈大笑，自然这位石学士也在笑声中化解了难堪。

后来，有一位胖子不小心摔倒了，场面很尴尬。这个聪明的胖子想起石学士的故事，便灵机一动，拍了拍身上的灰尘，轻松地舒了一口气，说："如果不是这一身肉托着，还不把骨头摔折了？"

还有一个瘦子，摔了一跤，同样用一句幽默的自嘲圆了场，他是这样说的："嘿，还好我的分量比较轻，否则，这把老骨头今天非交代在这里不可！"

上面几个案例，都是通过自嘲达到化解尴尬的目的。这就是自嘲的妙处。

某人要出国进修，他的妻子半开玩笑地说："你到那个花花世界，说不定会看上别的女人呢！"他笑道："你瞧瞧我这副模样，瓦刀脸、罗圈腿，站在路上怕是人家眼角都不撩呢！"一句话把妻子逗乐了。

人人忌讳提自己长相上的缺陷，可这位丈夫却能够接受自己的先天不足，并不在意地自揭其丑、自曝其短。这样的自嘲体现了一个人的智慧和胸怀，比一本正经地向妻子发誓决不拈花惹草，其效果不是更好吗？此时他在其妻眼里，一定变得忠诚可信。

适时适度的自嘲，不失为一种良好的修养，一种充满活力的交际技巧。自嘲，能制造轻松和谐的交谈气氛，能使自己活得洒脱，使人感到你的豁达和人情味，

有时还能更有效地维护面子，建立起新的心理平衡。

九州大学是郭沫若的母校，郭沫若于1955年重返日本九州大学时做了一次演讲，他说："在这里我要向我以前的老师表白，我作为一位医科大学生，事实上不是一位'好学生'。福冈的景色太美了，千代松原真是非常的美丽，由于天天都面对这样好的景色，我在学生时代就不用功，对于医学没有认真地研究，而跑到别的路上去。"

他顿了顿，接着幽默地说道："当时我在教室里听先生讲课时，就一个人偷偷地在课本上做诗了。"

这番自我爆料的幽默话语，使得在场的学生们顿时觉得眼前的名人变得平易近人，因此，现场爆发出欢快的笑声。

我们听相声，有的演员谈到自己长得不帅时，会说："我这模样有点儿对不起观众。"在谈到秃顶时说："聪明的人儿不长毛。"提到夫妻关系时说："我怕老婆？那哪可能，就是见到她发怵。"通过自嘲的方式，反而让我们更喜欢他。

懂自嘲的人有魅力，这话一点儿也不假。通常他们的人际关系都很和谐，是团体中的明星人物，和朋友的友谊"像酒一样浓"。这是因为懂得自嘲、幽默的人，可以为单调呆板的生活增添色彩。

自嘲从表面看来自己有点儿吃亏，却能够轻易地建立亲和的形象。周围的朋友会觉得与你相处轻松、自在，是个"开得起玩笑"的人，因而乐于接近你。

人际交往中，在人前蒙羞、处境尴尬时，用自嘲来对付窘境，不仅能很容易找到台阶，而且会产生幽默的效果。所以自我解嘲、自己先笑起来，是很高明的一种脱身手段。

能够自嘲的人是智者中的智者，高手中的高手。自嘲是自卑者不敢使用的方法，因为它要你自己"骂"自己的问题，也就是要拿自身的失误、不足，甚至生理缺陷来"开涮"。

对丑处及羞处不予遮掩、躲避，反而把它放大、夸张、剖析，然后巧妙地引申发挥，自圆其说，博得大家的一笑。没有豁达、乐观的心态和胸怀，是无法做到的。

可想而知，自以为是、斤斤计较、尖酸刻薄的人难以望其项背。自嘲不会伤害他人，最为安全。你可用它来活跃谈话气氛，消除紧张；在尴尬中自找台阶，保住面子；在公共场合获得人情味；在特别情形下刺一刺无理取闹的小人。

让你的幽默言语充满亲和力的批评，让人愉快接受

北宋著名文学家苏轼在做翰林学士时，在宰相王安石门下做事。王安石很器重他。然而苏轼才华不凡，加上性情洒脱不羁，对王安石这位“上司”说话就不太敬重，结果闹出许多不愉快。

有一次，王安石谈到坡字，说：“坡乃土之皮。”苏轼听了，就开玩笑地说：“如果照你这样说的话，那么‘滑’字就是水之骨了。”听着苏轼调笑的口吻，王安石很不高兴。

又有一次，王安石说：“‘鲵’字从鱼从儿，合当是鱼子。四马曰驷，天虫曰蚕，由是观之，古人造字，定非无义。”

苏轼听后，拱手进言道：“如此，‘鸠’字九鸟，想必也是有一定道理的。”王安石不知苏轼是嘲笑之言，忙问：“哦，怎么讲？”

苏轼笑道：“诗云‘鸣鸠在桑，其子七兮’，七只小鸟再加上它们的爹娘，不正好是九只吗？”

王安石这才知道苏轼又在调侃自己，因此对苏轼的印象很不好，觉得他为人轻浮、狂妄自大，不可以担当大任。不久之后，苏轼被贬为湖州刺史。

三年后任期结束，苏轼回京拜访王安石。书童把苏轼引到书房等候的时候，苏轼见到书桌上放着一方素笺，原来是一首只写了两句的诗，主题是咏菊。苏轼把这两句念了一遍，不由叫道：“这两句诗不通啊。”

诗是这样写的：“西风昨夜过园林，吹落黄花满地金。”为什么苏轼觉得这句诗不通呢？原来他认为，西风应该是在秋天才吹起，而菊花在深秋盛开，开得

也是最久，即使焦干枯烂，也不会落瓣。

这样一想，苏东坡就按捺不住了，于是他就依着前两句的韵律添了两句："秋花不比春花落，说与诗人仔细吟。"

王安石回来一看，知道苏轼来过，心想："这个年轻人是真有才华。可是到下面历练了这么久，还是这样轻浮傲慢，没有稳重的样子，用他只怕要误事。他还需要历练。"第二天，诏书发下来，苏轼再次被贬，为黄州团练副使。

同样是幽默批驳，东方朔的做法却得到了汉武帝的认可。汉武帝好大喜功，问东方朔："先生看我是什么样的君主啊？"

东方朔明白汉武帝的心思，便回答说："自唐虞之后，到周朝的成康盛世，没有一位国君可以和您相比。以臣看，皇上的品德在五帝之上，功勋在三皇之前。正因为如此，天下仁人志士和贤达之人都来投奔和辅佐您。比如周公、召公为丞相，孔丘为御史大夫，姜太公为将军……"

东方朔一口气将古代三十二个治世能臣都说成了汉武帝的大臣。汉武帝听到这里大笑不止。

但凡有点智商的人，也能听出东方朔的幽默话语里带有揶揄的味道，但是他偏偏能够说出这些话来使汉武帝开心。

汉武帝笑过之后，难免就要思考一下自己与古代圣王之间的差距，仔细比较之后，他感到自己确实不如古之圣王。

汉武帝晚年很希望自己长生不老。有一天，他和东方朔谈起了这个话题，他说："相书上说，一个人鼻子下面的'人中'越长，寿命就越长，'人中'长一寸，能活一百岁，不知道是真是假？"

东方朔一听汉武帝的话，就知道这个皇帝又在做长生不老的白日梦，脸上顿时露出一丝讥讽的笑意。汉武帝见后，很不高兴，喝道："东方朔，你是要笑话我吗？"

东方朔连忙收敛笑容，恭恭敬敬地说："陛下，我怎敢笑话您呢？我是在笑彭祖。"

汉武帝问："哦，你为什么要笑彭祖呢？"

东方朔笑着回答："据说彭祖活了八百岁，如果像皇上说的那样，一寸人中能活一百岁，彭祖的人中就该有八寸长了，那么他的脸岂不是太难看了？"

汉武帝听了，也哈哈大笑起来。

东方朔幽默的说话方式，与前面苏轼调侃王安石的说话方式有些类似，但是他们的结局不一样。同样是面对上级领导，苏轼的调笑之语为王安石所厌恶，而东方朔的调侃话语却得到了汉武帝的认同。为什么会如此呢？

这是因为东方朔的智慧与苏轼不同：苏轼的智慧是文人雅士式的，骨子里透着清高和傲气，他的调笑当中有一种看不起的意味；而东方朔的幽默智慧是俗世浑人式的，骨子里透着亲和力，他的调侃总是给人带来欢乐，而不会让人觉得伤了尊严。

关于这两种幽默之间的区别，你是否能够领悟呢？在我们的生活中，有许多人不能区分这两种幽默，结果许多人的幽默变成书呆子式的，完全不接地气，不能愉悦人心。

最后，要说的是，千万不要以为东方朔这种俗世浑人式的幽默智慧是市井俚语，没有什么学问。

事实上东方朔本人的学识渊博，要不然他也无法说出那么多古代治世能臣的名号。因此，东方朔真正的智慧在于知道在什么时候，什么场合，说什么样的话效果最好。

正因为把握好了这样一个原则，东方朔能用笑彭祖的办法来讽刺汉武帝的荒唐，批驳得机智含蓄、风趣诙谐，而令正在发怒的皇上也不禁哈哈大笑起来，愉快地接受了这种批驳。这种说话的智慧非常高明。

不要调侃别人，尤其是在别人犯错的时候，调侃别人的错误无异于揭人之短。当然，如果你掌握了东方朔式的说话智慧，那又另当别论。简单地说，若是你想调侃别人，让别人接受你，那么你就要让你的幽默言语充满亲和力，而不能一味地讽刺，把他人当傻瓜来戏耍。

幽默要把握尺度，开玩笑要把握分寸

古代有个叫魏鹏举的年轻人，才十八岁就中了举人，风光无限、意气风发，早早就娶了美貌娇妻。

结婚才一个月，魏鹏举又不得不离开妻子进京赶考。临别的时候，妻子依依不舍，对魏鹏举说："相公啊，记得想我。考不考得上都不打紧，要紧的是早点儿回来！免得我在家惦记。"

魏鹏举潇洒笑道："'功名'二字，早已经是我的囊中之物。放心，你就看好吧。"于是启程到京应试，果然一举成名，榜眼及第。魏鹏举少年得志，自然高兴，当下便修书一封，派人接取家眷入京。

魏鹏举在书信中先讲了在京的基本情况以及考得功名的事情，最后开玩笑，写下这么一行字："我在京中早晚无人照管，已经纳妾，专候夫人到京，同享荣华。"

魏夫人接到书信，拆开一看，便有些生气，说："相公就是一个负心贼，刚刚考下功名，就纳妾了。真是太可气了！"

送信的家人说："怎么可能呢？根本没有的事。我在京城那么久，也没见公子纳妾。夫人，这多半是公子开玩笑的话，等夫人到了京城，你就知道事情的真相了。"

魏夫人听到家人这样说，心里才好受一些，说："这还差不多，不枉我一直惦记他。"这边放下怨怼的心思，那边急切见夫君的心思又起来了。于是，魏夫人急急忙忙收拾东西，准备进京。

但由于东西太多，车马不便，一时半会儿也到不了，魏夫人便只好先托人寄一封信给丈夫，以报平安。

魏鹏举在京接到信，只见上面写道："你在京中纳妾，我在家中也嫁了一个小相公，过不了多久，我就和他一起来京城见你！"

魏鹏举读完这封信，顿时大笑。就在这个时候，一个进士及第的同学来访，看到了那封信，抢了过来，接着朗诵起来。魏鹏举措手不及，脸都红了，说："那是玩笑话，没有的事。"

那同学笑道："这样的事情可不能开玩笑啊！"结果不久之后，关于少年榜眼的有趣家书一事便传遍了京城。

这个时候，有个嫉妒他的人奏了他一本，说："榜眼虽然有才，但是年少德行不修，不知检点，不适合担任朝内的重要职位，最好到地方上去担任基层官员，多历练历练。"

于是本来有机会进翰林院的魏鹏举，就这样被"下放"了。一句玩笑话，结果耽误了好前程。

由此可见，幽默虽然很好，若不能恰当使用，也会带来麻烦。如果应用不恰当，就会使自己尴尬。

开玩笑要注意场合、地点、时间和对象，如果是在不对的地点、不对的场合、不对的时间，对不适合的人开玩笑，这样的玩笑不仅起不到活跃气氛的效果，而且还会适得其反，造成误会，甚至酿成悲剧。

小王和小张平时爱开玩笑，几天没有见，一见面一个就说："你还没有死呀？"对方也不计较，回一句："我等着给你送花圈呢！"两个人哈哈一笑了事。

后来小王因病住进了医院，小张去医院看望，一见面就想逗逗他，说："你还没有死呀？"这一次，小王变了脸，生气地说："滚，你滚！"小张被赶了出去。

人家正在病中，心理压力很大，小张在病房里对着忧心忡忡的病人说"死"，显然是没考虑场合，人家怎能不反感、不恼火？

其实，小张说这话也是好意，想使对方开心，只可惜他缺乏场合意识，不该在这种场合开玩笑，使自己的话变得不得体，闹出了不愉快。

这个事例说明，有些人说话之所以惹恼人，并不是因为他们不会说话，而是因为场合意识淡薄。

所以，这些人的当务之急在于增强场合意识。懂得不同场合对说话内容和方式的特定限制和要求，时时不忘看场合说话。

除了要注意场合之外，还要注意开玩笑的对象。尤其要注意的是，尽量不要开上司的玩笑，以免造成不必要的尴尬。

小唐在一家报社做记者，他是个不拘小节的人，而且特别爱和他人开玩笑。有一天，报社的同事来到报社主任老杨的家里做客。老杨刚当上报社主任不久就开始“发福”，原来高瘦的身材逐渐胖了起来。

聊了一会儿，小唐突然对老杨说：“哎呀，杨主任，你现在的饭量是不是特别大呀，怎么胖成这个样子了？你拿镜子照照，你的脸胖得都看不到眼睛了，再这样胖下去可不得了啦！”

在场的所有人听了都大笑起来。其实小唐的本意是想说幽默话，并不是刻意讽刺老杨，但是老杨却并不这么认为。在大家笑过之后，老杨没说一句话，十分难堪地转身走了。

任何事情都要有度，开玩笑也一样，要讲究分寸，否则便会适得其反。因此，有三种玩笑开不得：

第一，过火的玩笑开不得

有个人喜欢开玩笑，一天看到男同学夫妻俩在散步，便装作风尘女子打电话给男同学，弄得男同学的妻子误会，大闹一场，后来通过一番解释，这对夫妻才言归于好。开这样的玩笑，既伤害别人，又给人留下轻率的印象，实在无聊。

第二，伤人自尊的玩笑开不得

有的人不顾别人感受，当着众人的面叫朋友的绰号，诸如“矮子”“傻瓜”等，这种叫法很不好。建立在别人痛苦之上的玩笑会令人反感。

第三，侮辱人格的玩笑开不得

有人看到姓朱的朋友，便称其为“猪八戒”，看到属猴的人称之为“猴头”，不仅伤人自尊，还给人留下无素质的印象，惹得朋友厌烦。

幽默应该注意分寸，要看场合、分对象，该庄重时应庄重，千万不要戏耍别人。

总的来说，幽默的基本原则是：少开别人的玩笑，多开自己的玩笑。特别是一些不太擅长幽默谈话的人，最好不要随便开玩笑。而自以为幽默的人，则要不时问一问自己："开这么一个玩笑，合适吗？会不会冒犯他人？"设身处地地想一想，会让你的幽默更有效果。

第四章

拥有卓越口才，灵活生动的表达能有效果

取得了成绩，要肯定他人的努力

曹操打败袁绍后，就决定北征乌丸。但是，当时许多人都反对曹操攻打乌丸，反对的理由有两条：第一条，乌丸是少数民族，不值得去打；第二条，劳师远征，后方空虚，若南方的刘表乘虚而入，该怎么办？而曹操却认为，袁绍对乌丸是有恩的，现在自己战胜了袁绍，但袁绍的儿子却跑到了乌丸，若是他们联手，将对于统一大业极为不利。于是曹操出兵了。

结果，这一场仗取得了胜利，但是胜得非常艰难，曹操付出了惨重的代价。班师回朝后，曹操便让手下查当初那些反对攻打乌丸的人。那些人听到这个消息，个个惶惶不安，都以为要大祸临头了。

谁知，曹操突然宣布给这些曾经反对北征的人以重赏。大臣们都非常惊讶，便问曹操为什么。曹操解释说："你们这些人劝我不要打乌丸是正确的，我此次获得胜利完全出于侥幸，这是我的错误。希望你们继续给我提建议，以免我再次走入险境。"自此，手下的人更加忠诚于曹操。

若你想要获得更多人的支持，那么就要学会肯定别人的贡献。当你获得成功的时候，不要只想着标榜自己，而应注意别人做出的努力和贡献。因为你已经获利，这个时候就要放低自己，肯定他人，给他人一些荣誉，这将让你得到更多支持。

叶先生是一家广告公司的策划编辑，并担任该公司旗下的一个杂志的主编。他平时在单位里上上下下关系都不错，而且很有才气，工作之余经常写点东西。周围的人都对他很是佩服。

有一次，叶先生主编的杂志在一次评选中获了大奖，他感到荣耀无比，逢人便提自己的努力与成就，同事们自然不会驳他的面子，纷纷向他表示祝贺。但是过了一个月，他却发现单位同事似乎都在跟他闹矛盾。

开始他还不当一回事，但这样的矛盾频繁出现，让他很是烦恼。仔细一琢磨，显然同事们是故意的。

但他不知道同事们为什么会这样做？后来还是一哥们儿点透了其中的奥妙：“杂志获奖了这么重要的事情，有没有感谢一下领导的提点、同事的支持呢？”叶先生这时才恍然大悟。

就事论事，这份杂志能得奖，主编的贡献很大，但这也离不开其他人的努力，而叶先生忽略了这一点，连一句感谢的话都没有，仿佛获得这个奖与其他的人都无关一样，当然会使其他同事心里不舒服。

所以，当我们取得了某些成绩的时候，一定要注意表达感激之情。对他人做出的努力和付出的汗水，不能视而不见。

徐小姐毕业后的第一份工作是在一家企业做销售。由于是新员工，没有特别重要的活儿，徐小姐要做的事就是协助主管整理标书。

徐小姐觉得工作简单，根本没有什么技术含量，因此并没有特别认真下工夫，结果主要的工作都是另外几个同事做完的。然而让人气愤的是，她竟然将功劳归自己所有，她的行为让同事们大为反感。

不久，销售部进行考核，要求员工分组合作完成项目。由于徐小姐“吃独食”的行为在前，几乎没有人愿意和她同一组。

最后徐小姐只好独自做整理标书的工作，但是因为前期没有认真工作，缺乏经验，再加上没有人帮衬，她的工作出了问题。主管对她很失望，不久之后，她就离开了这家企业。

徐小姐遭遇事业滑铁卢，不仅因为她的工作态度有问题，还因为她“吃独食”的行为。

如果徐小姐没有“吃独食”的行为，也就不会被孤立，遇到棘手的问题至少也能得到别人的帮助。

与之相比，马小姐的做法就完全不同。

马小姐刚毕业就被一家大企业录用，而且还被分配到该企业最重要的部门——设计部。不久，公司准备竞投一个大项目，设计的工作就由马小姐所在的部门负责。部门的经理召开会议，向大家征集设计方案。

马小姐为了做出成绩，每天都加班到很晚。其他的人都下班了，她还在工作。终于功夫不负有心人，马小姐的设计方案脱颖而出，成为公司竞标的首选方案。

经过激烈的竞标，马小姐的设计不负所望，最终为公司拿下了这个项目。公司的负责人很高兴，要求设计部给马小姐嘉奖。

设计部经理把马小姐叫到办公室，把奖金放到她的面前，说："这次你确实为公司立了大功，这些是公司奖励你的。"

马小姐觉得，自己如果真有能力完成一件很出色的设计，就不必在乎这一次的荣誉，因为以后这样的机会还有很多，所以让出自己的成绩，对自己以后的发展是有百利而无一害的。

因此，马小姐微笑道："如果没有经理力挺我的设计，我也不会这么容易就得到这些荣誉。还有，在我做这个设计的时候，很多同事都给了我莫大的帮助，我还没有感谢他们。所以要说功劳，都是大家的功劳，我怎么能一个人拿这笔钱呢？"

经理看着马小姐，觉得这个年轻人有这样的度量和气魄非常了不起，不但把自己的成绩与大家一起分享，连奖金也要平分给大家。马小姐的表现顿时在经理的心里获得了很高的分数。

经理笑道："你有这份心就很好。但是，一码归一码，这个奖金是你应得的，要是分了，以后就没有人愿意努力付出了。不能这么干。"

同事对马小姐的印象本来就不错，听说她不仅没有独享利益与荣誉，还有要与大家分享的想法，顿时感觉心里暖暖的。大家对她的印象越来越好了。

当你建立功劳的时候，就已经使上级对你的才能有了信心。而此时，你又能不忘他人的努力和付出，将自己获得的荣誉与他人分享，这会使你的形象在他的心目中变得更有吸引力。

不要忘记他人的努力和付出，即使他人的付出很少，甚至根本没能帮上你的忙，也不要忘记说一声"谢谢"。比如朋友帮了我们的忙，感谢是不可缺少的，即便对方没有帮上你的忙，这一句感谢也是不可少的："张哥，昨天那事你受累啦。"不要小看这样一句客套话，若是没有，很可能会让人感到失落。对方为你的事情花费了心神和时间，虽然没能帮上你，但是这份情，你应该领。

因此，好好地说一句感谢的话并不为过。如若不然，对方就会觉得你这个人不懂事，由此而变得冷淡。

照章办事，有些话要说在前头

老林和老韩是极好的哥们儿，不久之前，老韩找了一份保险经纪人的工作，他发现只要拉到一定量的客户，不仅可以获得可观的收入，还能够迅速升职做管理层。为了提高自己的业绩，他发动好哥们儿老林帮自己拉客户，并且承诺只要老林给自己拉一个客户，便给老林一千元的佣金。

老林也十分乐意为哥们儿效劳，更何况还有佣金拿。由于老林有着宽广的人脉关系，没多久，他就给老韩拉了十几个客户。借着老林的帮助，老韩很快就升职做了主管。

但是老林有些不乐意了，因为自己根本没有得到一分钱的佣金。他几次暗示老韩承诺的拉客户给佣金的事情，但是每次老韩都像没有听见似的，没办法，老林只好挑明了说："老韩，你当初说拉一个客户就有一笔佣金来着。现在我帮你拉了十几个客户，其中还有几个大单子，你也如愿以偿做了管理层，可是我的佣金，你可没有给过一分呢？"

老韩一听，拍了拍脑袋，道："嗨，你看我这记性，佣金是有的，不过也不太多，所以也没太在意，现在就给你。"说着就掏出四千多元，递给老林。老林一看，便道："这也不对啊，你不是说一个客户一千元吗？怎么就这点儿钱呢？"

老韩拍了拍老林的肩，说："你看，我们是好哥们儿，我也不至于贪你这点儿钱吧。上次我和你说的佣金，后来就改了。这怪我，没及时给你说……"

老林一听这话，就觉得不可信，怒道："可是你当初答应了的，十几个客户，就这么点儿钱，这也太狠了吧。"

"你介绍的那些客户，也就几个大单子能拿一千元的佣金，其他的都是小单子，这四千多元，还是我努力为你争取的呢。你就别嫌少了。”

老林看了看老韩，道：“老韩，做朋友这么多年，没想到你这么不地道，早知道，我就和你签份合同。”

事情的结果可想而知了。老林开始拉客户，可能仅仅为了给朋友帮忙，但有了利益收入，那就不只是帮忙这么简单了，二人其实已经是合作的关系，其中的利益分配就转变成为重点。如果利益分配搞不清楚，那么合作就持续不下去，二人的友情也会出现裂痕。

涉及财货等利益问题，一定要把握好原则，免得事情发展到不可收场的地步。先小人后君子，订立协议很重要。不仅合作的利益分配如此，平时借钱的时候也应该如此。

李某的一个朋友向他借三万元钱，并保证三天后归还。李某手里也不很宽裕，只有一万多元，但为了朋友，他瞒着下岗的妻子向同事转借了两万多元，凑足三万元借给朋友。在钱转手的时候，李某想：“要不要让他写张借条呢？”可是转念一想：“这么好的朋友，何必多此一举，这不是‘以小人之心度君子之腹’么？”于是打借条的事情也就没有提。

三天后，那个借钱的朋友打来电话，说钱暂时还不上，要拖两天。李某想：“拖两天就拖两天。”两天过去了，朋友又说再拖两天。李某有些急了，但也没办法，那就再拖两天吧。

谁知道再过两天，对方音讯全无。李某到朋友的单位和家里，都找不到人，朋友的手机也一直关机。李某有些慌了，那个借钱给他的同事也不耐烦了，他当时许诺同事一个星期就还，而今却拖了一个多月，还没有还上。

两个月后，他得到了那个朋友的音讯，但是那个朋友已经将三万元钱扔进赌场，输了个精光，而且还不承认自己借钱了。李某想去法院起诉借钱的朋友，可惜空口无凭，没有证据。结果李某的钱没要回来，人情也没有了，真可谓人财两空。

因此，利益问题最好摆到台面上，先讲清楚，以免日后有争议，影响彼此之间的亲密关系。这也是为人处世的一条重要原则。不要说什么“咱们谁跟谁啊”之类的话，常言道“亲兄弟明算账”，开始的时候就把利益分配清楚，以后开展合作、一起做事也就没有那么多麻烦。

为人处世，要把关于利益得失的话说在前头，然后再讲情谊。这样做可以避免不必要的纠纷，对于双方的关系稳定维持也有直接的影响。特别是跟人合作之前，最好把利益分配先讲清楚。先小人后君子有利无害，可以防范风险，保障自己的权益，这也是得到大众和社会认可的行为方式。

朋友或亲戚之间相互借钱，往往出于义气或是碍于面子，没有索要欠条。当对方还不起或者想赖账时，自己却空口无凭，即使到法院起诉，也因为证据不足而没有结果。也有的人当时打了欠条，还款后却没有及时要回自己的欠条或者索要收据，结果对方仍依据欠条索要欠款，搞得有理说不清。所有这一切都是因为碍于情面，你不要担心对方会为此翻脸。如果对方是君子，这样做并没有额外增加他的责任；如果对方是小人，你也就规避了风险，对方想要赖也没门。

胸怀宽广一些，得失之心轻一些

王女士和李小姐是同事，平时的关系非常好。两个人经常在一起讨论工作上的事情，交换意见，因此两个人的工作成绩都非常出色，经常被领导并列提名表扬。

两个人在取得成绩以后，还会相互鼓励对方。王女士的家里有什么活动都会邀请李小姐参加，李小姐生日的时候王女士会买很好的礼物送给她。平日里，王女士总是称呼李小姐为“小妹”，李小姐也称王女士为“大姐”。

她们两个一直被单位其他的员工羡慕，很多人觉得她们俩的关系比亲姐妹还要亲。

单位的领导接到通知将要升迁。领导告诉单位里的人，说是按照上级的指示准备在本单位选择一个人来接替他。大家议论纷纷，不知道这个好运会落在谁的头上。

不久，候选人的条件公布出来，大家一致认为王女士和李小姐都符合条件，因为她们俩平时的工作成绩都很突出，表现也很优秀。王女士和李小姐显然也都明白这个道理。渐渐地，大家发现，王女士和李小姐不再一起出去吃饭了，也很久不见她们俩一起离开办公室了。

李小姐和王女士被叫到领导办公室谈话。领导先跟李小姐说：“小李啊，你的工作成绩一直很优秀，这一点是大家有目共睹的。老王的成绩和你不相上下，你们两个有没有对现在的问题交换过意见呢？”

李小姐不说话，王女士也不说话。

领导看见两个人都是这个样子，无奈地摇摇头，说：“好吧，咱们暂时先说到这里。”两个人走出领导的办公室后都没有搭理对方。

同事看见两个人这个样子，就劝小李说：“小李，你还年轻，就让让老王吧，她过不了几年就退休了。再说，你们两个平时那么合得来，她对你也挺好的。”

李小姐听到这话，先是冷笑了几声，然后说：“她哪里对我好了？根本就不像你们看到的那个样子，她这个人最爱占小便宜，跟她相处，我吃了多少亏。这次，我可不能让她，我吃亏也不能这样吃。”

李小姐说这些话的时候，王女士正好进门，听到了这番对话。她气呼呼地来到李小姐面前，说：“你还好意思说是你吃亏了。我看你是欺负大家都不知道，跟你这样的人相处，那才叫作真正的吃亏。每次请你到我家里吃饭，你都买些也不知道从哪里捡到的烂水果，根本就没法吃，你还好意思说是你吃亏。”

两个人就这样你一言我一语地吵起来，单位的同事见她们这样都纷纷过来劝解，但是两个人越吵越凶，最后竟然打了起来。

此事过后，两个人谁也没有再理睬过谁。不久，领导的调令下来了，他也向大家宣布了下一任领导的名单。王女士和李小姐谁都没有得到这个好机会。

两个人都觉得如果把这个机会让给对方的话，无疑是对方占了大便宜而自己则吃了大亏。有些时候过于计较，得失心太重，反而会舍本逐末。

得失心太重，失去平常心，很容易破坏人际关系。与人相处，有一分退让，就可能吃一分亏，但也会积一分福。是吃亏，还是积福，在于每个人的领悟，别人认为的吃亏、糊涂，只要自己觉得那样做可以得到满足，也没有什么不能去做的。

管仲和鲍叔牙都是春秋时期的政治家，二人也是好朋友。管仲比较穷，鲍叔牙比较富有。管仲和鲍叔牙早年合伙做生意，管伸出很少的本钱，分红的时候却要分很多钱。

有人看不惯管仲这样的做法，就和鲍叔牙说：“管仲怎么能做这样无耻的事情呢？他出了那样少的本钱，却拿那么多的分红，这样的人还是不要和他做生意了。”

可是鲍叔牙一点儿也不计较，他跟那个人解释说：“因为管仲的家里有很多人都要他来养，他的负担很重，所以得拿多一点儿钱才行。”鲍叔牙在给管仲分红的时候还问他：“这些钱够不够？”

管仲帮鲍叔牙出主意办事，结果不但没有把事情办好，还让鲍叔牙损失了很多，但是管仲一点儿也没有愧疚的意思。人们对管仲这样的态度很反感，但是鲍叔牙说：“事情办不成，不是因为管仲的主意不好，而是因为时机不好。”

后来，齐桓公要委任鲍叔牙为相，鲍叔牙却推荐管仲：“您要想管理好齐国有高傒和我就够了；您如想称霸，则非有管仲不可！”于是，在鲍叔牙的举荐之下，管仲有了施展才能的机会，而他却甘愿在管仲的手下做事。齐国由此强盛，最终称霸诸侯。

在鲍叔牙去世的时候，管仲趴在鲍叔牙身上失声痛哭道：“生我者父母，知我者鲍叔牙！”

毫无疑问，鲍叔牙是一个很有眼光的人，但这还不是他最杰出的地方，他最杰出的地方是胸怀和气量，不怕吃亏。

我们做人应该学学鲍叔牙，不要把利益看得太重，凡事多为他人着想，即便没有他那样的宽广心胸，也要尽量让自己的眼光放长远一点儿，不能怕吃眼前亏。

你可能现在吃亏，但是很快就会得到回报；也许有人经常占你的便宜，但是他最终会吃大亏。什么事情都是相对的，所以人不要在一点儿小事情上斤斤计较，良心安稳比什么都重要。

“吃亏是福。”看起来是一句简单的俗语，但其中所蕴含的智慧却一点儿也不简单。社会在发展，在经济大潮的冲击下，很多人觉得讲“吃亏是福”的人简直就是傻瓜。真的是这样吗？吃亏，意味着舍弃与牺牲，但是也意味着合作和双赢。

做好人要真诚，不要把你帮助他人的事情挂在嘴边

老王是少有的热心人，他特别喜欢帮助别人。同事、朋友之间，只要是能够插上手的，老王总会乐呵呵地帮上一把，用他自己的话说，反正闲也是闲着，不如帮人一把。故而他从来都不吝惜自己的时间，也不在乎经济上的一些损失。

尽管大家都知道老王是个乐于助人的好人，但不知为何，大家都对老王敬而远之。

以前老王有个十分要好的朋友，现在大家都称他为“老张”。在老张还没有对象的时候，老王特别殷勤地帮他介绍了一个。人们看老王为自己朋友的事情忙里忙外，比老张本人还积极，都觉得老王不错。

但是后来，细心的人们渐渐发现，老张经常躲着老王，两个人的关系看起来并不好。于是有人就问老张：“这到底是怎么回事啊？你们不是铁哥们儿吗？”

老张很尴尬，便说了一件事情：结婚那天，老王当着新娘子的面，一遍又一遍地讲他帮助老张忙乎结婚的事情。

老张说：“当时老王说的话，让我感觉没脸见人，原来我这么没用，娶个老婆没有出一点儿力。这事一直到现在都让我的心里沉甸甸的。唉，这大概就是不能承受的恩情吧……”停了半晌，老张又不甘地加了一句：“你们不知道啊，他那意思似乎就是说，没有他，我就要打一辈子光棍。”

就这样，老王的行为让老张一直如鲠在喉。一来二去，老张便与老王疏远了。

像老王这样的人，在生活中并不少见。他们总是喜欢将施恩于人的事情挂在嘴边，似乎特别担心别人会忘记他们的恩情。但是这样做不仅无法得到别人的感

恩、佩服和亲近，还会使彼此的关系疏远，甚至引来别人的怨憎。为何会如此？

这是因为每个人心中都希望自己是受人肯定和认可的独立强者，而不是可怜的、需要帮助的弱者。有个人帮助了我们，我们会感激他，会想办法报答他，但如果他总是提醒我们“没有我的帮助，你就没有今天”，总是强调我们被帮助的历史，相信没有几个人心里会觉得舒服。

可是，那些给予你恩情和帮助的人当中偏偏有些不通人情世故、不懂受助人心理的人，想要在受助人面前抬高自己的架子，想要让受助人承认他们是永远的弱者。于是，受助人会如同受到了某种侮辱，因此心生别扭、不满、厌烦，甚至愤怒。

将心比心，我们便知道总把对他人的恩情挂在嘴边是幼稚的。因此，当我们帮助别人，或给别人好处的时候，要特别注意别人的感受，千万不要总是提起这些事情，最好将这些事情忘掉。

有个人送了朋友一条名牌牛仔裤，从此每逢见到对方穿着时，必然指出那是他送的。不见对方穿着时，他又会问：“我送给你的那条牛仔裤呢，怎么不穿了？”

有一次，朋友穿了那条牛仔裤，又被这个人说起。这位朋友实在忍受不了了，便闷声不响地把牛仔裤脱下，递给他：“宁可出这种丑，好过为你做免费宣传。”

如果你是故事中的朋友，你是不是也会感到不舒服呢？而这样一个哪怕只是顺手帮了朋友一个小忙也会一天到晚挂在嘴边，时刻提醒受恩惠者要记得的人，给我们的印象是怎么样的呢？相信没有几个人会喜欢他们。

相反，那些能够将自己施恩的事情忘掉，不计较个人得失的人，因其胸襟与潇洒，往往会受到他人的尊敬。

有位不算富有的女孩，很喜欢名牌衣饰，然而买回来不久却又不想穿，于是就送给周围朋友。

有个朋友收过她一件名牌衬衫之后，过了若干年，刚好跟她吃饭时就穿着那件衣服，便对她说：“这件衬衫是你送给我的，穿了这么多年也没走样。”她大吃一惊，说：“这么好的衣服呀，我怎么会送给你了呢？”

这个女孩是懂人心的，她也很受朋友们的欢迎，朋友们对她的评价，不是慷慨与幽默，就是大气与洒脱。她听到大家的赞扬后十分快乐，也更喜欢帮助朋友们。

如果你为朋友做了事，给了朋友好处，就自以为了不起，那么，必然会招致对方的厌恶。没有朋友会因为你不说，就忘记你的情，多说反倒无益。如果你总是以给人好处而自居的话，人家可能会尽快地还你的情，之后会对你敬而远之，即使你再有能耐，以后他也不愿意再与你接触了。事实上，帮忙、给人好处也要注意方式。首先，帮忙的时候，要高高兴兴，不可以心不甘情不愿，这是最起码的一点儿要求。其次，千万不要给对方增加心理负担，而是要让人觉得你的帮助是自然而然、顺理成章的，这样对方才会乐意接受并体会到你的关心。

学礼要知礼虚心做人，赢得他人的认同

春秋时期，孔子和老子各成一家，但是，孔子的儒家学说却总是碰钉子。孔子听说老子的道家学说很有威望，很想去了解一下。

于是，孔子借游说的机会去见了老子。他带了几个学生，到了“道德宫”，见门关着，便上前问道：“里边有人吗？”

门打开，出来一个小孩，看着孔子一行人，警惕地问：“你们是干什么的？”

孔子连忙上前，自我介绍：“我叫孔丘，此来是为了求见老子的。”

小孩听了，点头说：“你先等着，我进去通报一声。”说完，小孩回身进去了。不一会儿，那孩子出来说：“老师不在家，明天再来吧。”说着把门“哐当”一声就关上了。

孔子师徒被弄得面红耳赤，只好返回。

第二天，孔子又领着学生来到“道德宫”。大门敞着，孔子很高兴。可是，进门一看，二门紧闭。

孔子敲门，又出来一个小孩，他问：“你们是干什么的？”

“哦，我们是来求见老子的。”

“是求见，还是求教？”

“求见。”

“求见？不得闲。”说罢，小孩就要关门。孔子一见，急了，改口说：“别关，别关！求教的！我们是来求教的！”

小孩眯眼往孔子背后一瞧，说：“求教？哪有求教带这么多人的，分明是来挑衅的！老师正在睡觉，没工夫搭理你们，有事明天再说。”

于是，孔子再次铩羽而归。

到了第三天，孔子对学生们说："这样，今天我一个人去求教老子，前两次怪我学礼不知礼，连求见和求教都分不清。"

孔子一人来到"道德宫"，只见宫门大开，遂上前施礼，说："孔丘特来求教。"

话音刚落，出来两个小孩，正是前两天见到的那两个。只见二人以礼相迎，带领孔子进去了。

孔子见了老子，连忙躬身说道："孔丘特来求教。"

老子起身还礼："久闻孔先生的大名，请坐。"

于是，二人攀谈起来。

老子问他："孔先生如今研究什么学问啊？"

孔子回答："正读《周易》。古人也读这书。"

老子说："嗯，古人读《周易》，有用。可你现在读它有什么用呢？"

"我在追求仁义。"

"那么，你追求仁义这么多年，可得到些什么道理吗？"

孔子想了想，说："我研究了二十七年，没得到一个真正能行得通的道理。"

老子听孔子这样说，笑道："既然这样，那么，我就跟你讲讲我的心得吧。光讲仁义是不行的，还必须讲'道'，有了'道'才能有'德'，用'道德'近'仁'，'仁'则近之。你如果愿意追求'道德'的话，我就把我研究的'道德'给你讲一下。"

孔子当即虚心求教。于是老子便一五一十地开始讲了起来。二人从天明一直聊到天黑。从此，孔子每天都去听老子讲道。"道德宫"门前的那条小巷则被后人称为"问礼巷"。

人们往往喜欢高姿态地表现自我，殊不知，低姿态才是良好的心态。心态放低了，有一些看似艰难的事情，做起来就会顺理成章，其实为人处世也是一样的。当一个人能够放低自己的姿态，就很容易得到他人的赞同。

孔子所处的时代，儒家和道家是学术上的竞争者。如果孔子不放低姿态，老子是不会跟他讲述自己的心得体会的。所以，老子问他："你追求仁义这么多年，可得到什么道理？"孔子说没有得到真正的道理。老子因此知道他是真的来求教的。

如果当时孔子说："我有一些心得体会，想要和你探讨。"老子必然不会与他聊下去。求教就是求教，要有求教的态度，要是摆出一副欲争辩和说服对方的样子，那就必然让人心生戒备与厌恶。这种情况下，想要得到别人的认可，是很困难的。在现实生活中，许多人不了解这一点，因此总是一副大师模样，就像老师对待学生或家长对待孩子，要求对方接受自己。

将心比心地说，谁能喜欢别人摆出高高在上的姿态？如果一个人高高在上地对你的行为指指点点，你的感受肯定不会太好。哪怕对方是真心好意，要是摆出施舍的样子，也会让人觉得难以接受。

放低姿态，更能赢得他人的认同与好感，不仅拉近了双方的距离，而且使双方更容易沟通，更容易让对方从心理上接受自己。

有个人在一家一流的银行里做领导，每次参加同学聚会的时候都会迟到，大约是想让大家都觉得他的身份、地位不一般。

每次迟到，他都会说："不好意思，我刚才有一个管理层的紧急会议。""公司的司机不怎么熟悉这儿的路。"然后摆出一副"我和你们不一样，我很忙，本来今天都不能来了"的架势。

这种摆派头的做法让同学们都皱眉头。因此，同学们对他的评价很不好，觉得他看不起人，甚至还会有人说他："那副德行，早晚有摔下来的一天！"

而另外一位先生，他虽然也迟到了，却没有人对他有意见，非但没有意见，大家还都很同情他。他是一家证券公司的管理人员。

有一次，他迟到了一个小时。他是这样致歉的："实在对不起！说起来都不好意思，现在证券业不好做，今天又出了件麻烦事。公司不景气，不能随便用车，坐地铁换乘又换错了。真是对不起大家了！"

听了他的这一番解释，有些人心里会犯嘀咕："真的还是假的呀？"但也不会生气。甚至还有人会报以同情，发出感叹："唉，真是不容易呀！现在大家都不容易啊！"

不去为自己找一些冠冕堂皇的借口，而是把自己的失败、不如意告诉大家。大家会想：原来他也不容易呀！于是，大家的心理也就平衡了。

对于很多人来说，放下身段、放低姿态实在是人生中难以达到的境界。也正是这个缘故，身份、地位越高的人，若能放下身段、放低姿态，与别人交流，就很容易使人钦佩。无论你是得意还是失意，无论你是成功还是失败，无论你是幸福还是不幸，永远不要忘了表达自己的谦虚，放低自己的姿态。

帮助他人要讲究方式，别把帮助变成施舍

古时有个农夫与村里的富翁是道义之交。一年，农夫田地的收成不好，到了年尾，不得不借钱过年。

农夫找到了富翁，希望他可以帮助自己。除夕那天，富翁兴致很高，非常爽快地掏出了钱，借给了农夫，还大方地说："拿去用吧，不用还了！"

农夫小心翼翼地接过钱，谢过了富翁之后，匆匆往家里赶。富翁冲农夫的背影又喊了一遍："不用还了！"

大年初一的早上，富翁很早就起来了，当他打开院门时，发现自家门前的积雪已被人扫过，院子里干干净净。一打听，才知道是农夫一大早做的。

富翁蓦然明白了：给别人一份施舍，就把别人当成了乞丐。想到这里，他立刻去找农夫写了一份借契。

当对方有困难时，主动地伸出援助之手，会使对方倍感温暖。而有时候适当地请求对方帮助，还会加深朋友之间的友情。

但是，千万不要以一种高高在上的态度帮助别人，这样只会让人感到不舒服。做人要学会尊重他人。

有位作家打算长期资助一名贫困山区里的学生。于是，他选定了一位品学兼优的孩子。作家每隔一个月都寄去一笔善款，但从来不问善款的去向。

最初，那个孩子给作家写了一封感谢信，但作家没有回信。再后来，孩子竟写信给作家，让其增加汇款金额。其实，之前寄去的善款已经足够。

面对这突如其来的信，作家一打听才知道：这个孩子后来因学习失意，拿钱去网吧上网，肆意挥霍，酗酒打架，甚至曾被送进了少管所。

这个孩子的所作所为，令作家心寒不已，以至于作家一度偏激地认为孩子的品行不好，但他从没有反省自己的助人行为所存在的问题。

作家的助人行为有错吗？表面上看没什么问题，有问题似乎也是那孩子本身品质的问题。

但是事实上，作家的助人行为是存在问题的——是他把帮助变成了施舍，将一种需要感激的帮助变成了一种理所应当的施舍。

当你站在一个较高的位置上，对他人施以援手的时候，要注意说一些必要的话，否则的话，就会伤及他人的自尊。

那位作家在资助孩子的同时，若能够重视孩子的感谢信，多跟孩子说一句："希望你能够好好学习，以后考一个好大学，有一番作为，那叔叔就心满意足了。你可不要让叔叔失望哦。"也许事情就会是另一番景象。

因此，帮助他人的同时，要表达尊重和鼓励，这样的帮助才会更有效。除了对帮助对象要注意表达的方式，在帮助别人的时候，对于其他的参与者也要有起码的尊重。

有个人与他人结怨，为了息事宁人，他多次央求村里很有名望的老人出面调停，但是对方不愿意和解。他听说邻村有个德高望重的老人最擅长调解纠纷，于是特地去请。

那老人是一个热心人，接受了请求，便亲自上门去劝说。费了许多力气，最终使得结怨的双方达成了和解。

按照常理，老人家不负所托，完成任务后就可以离开。但是，老人家并没有一去了之。

老人对已经和解的二人说："我听说你们这件事情有许多当地有名望的人调解过，但是最终都没有达成协议。这次我很幸运，你们都这么相信我，让我了结了这件事。但是，我毕竟是外乡人，虽然做成了这件事情，但是传出去未免使本地人失去脸面，这样不好。所以，现在请你们两位帮我一个忙。"

二人听了，连忙点头说："您请说。"

老人说："你们在表面上要做到让人以为我出面也解决不了问题，等我明天离开此地，本地几位乡老还会上门，到时你们接受他们的调解，这样对大家都有好处。拜托了。”

二人听后，对老人家的细腻心思都很是佩服，连忙点头答应。

帮助别人，应该注意调和社会关系，助人之后不要夸功。就像故事里那位老人一样，助人化解矛盾而不居功，竭力维护好其他调和者的尊严，因此更加受到人们的尊敬。

当你打算帮助别人的时候，就要多考虑一些事情，比如帮助人的方式是否恰当，又比如其他参与者的颜面该怎么维护。总而言之，应该把事情做得更加周全一些。不要一时兴起，兴之所至便随意而为，那是不成熟的做法，弄不好的话，便会好心办坏事。

乐于助人是好事，不过，好事不见得会带来好结果。若是不能采取恰当的方式，很可能会好心办坏事，把简单的事情办成复杂的事，那样的话，反而会让人难堪，导致尴尬的局面。

所以，我们在帮助别人的时候，做事应该周全一些，站在别人的立场上，多想一想：你帮助对方的方式合适吗？对人够尊重吗？有没有冒犯别人呢？

嘴巴甜一点，路子就多一点。

没有人不爱被赞美，只有不会赞美别人的人。若你的赞美不被人所接受，并不是那个人不喜欢赞美，而是你的赞美方式有问题。

在一次社交活动中，老王被女主人介绍给一位贵宾。双方客套几句后，女主人背过身去嘱咐老王：“说些中听的话。”声音虽然很低，但是那位贵宾显然听到了。

老王就很尴尬，他一时想不起什么“中听的话”，就对贵宾笑着说：“我知道你正是那种不能随便奉承的人。”贵宾笑起来，紧张气氛一下消除了。

老王这句话虽没有包含什么实质性的恭维内容，却使对方获得了被夸赞的感受，机智而巧妙。

有位图书推销员去拜访一位女士。那位女士听说访客是推销员时，脸色顿时变了，冷冷地说：“我知道你们这些推销员很会奉承人，专挑好听的说，不过，我不会听你的话的。你还是不要浪费时间了。”

图书推销员微笑着说道：“是的，您说得很对。推销员是专挑那些好听的话来讲，说得别人昏头昏脑的，而像您这样的顾客我却很少遇到，显然您是一位很有主见、从不受人支配的女士。”

那位女士听了图书推销员的话，脸色好看了很多。她问了一些问题，图书推销员一一做了回答。最后，他对女士说：“您对于书籍的看法和认识，让我感到惊讶。看得出来，您是一位爱书的人。我想，也许正是书籍让您具备了敏锐的头脑、不凡的谈吐和沉稳的气质。”

女士十分开心，她表示自己很希望买几本书，多长点儿知识。我们没有必要去阿谀奉承，但说一些好听话让人高兴，这是一种有礼貌的表现。

“你这身衣服真漂亮！”“你的头发发质真好，又黑又亮！”“谁帮你选的领带，太衬你的气质了！”“你今天看起来棒极了！”这样的话让谁听到会不高兴呢？

不要吝啬你的溢美之词，当你看到别人脸上的笑容，难道不高兴吗？这就是说好话的一大好处，让别人开心的同时，也让自己高兴。

当然，赞美要有分寸，如果太露骨了，就很容易惹人讨厌。有时，只需要简短的一句话，就可以。

比如，“你做的企划案很棒”“相信你一定能做到”之类的话，会让对方感觉到被关注，无形中拉近你们之间的距离。

还有，想要体现嘴巴甜，最简单的方法就是使用动人的称呼。称呼别人时，年轻的你可以叫“漂亮的小妹妹”“可爱的小弟弟”，与你一般大小的可以称呼“美女”“靓仔”，年龄明显比你大的，男士统一用“叔叔”，你只需要知道把人叫年轻，就能够让他开心。

对于年龄稍大女士，就叫“美女姐姐”，当然，如果她的长相确实不太好看，就不能这么称呼了，不然人家以为你讽刺挖苦她。这时，你可以直接称“姐姐”。

年纪如果确实大到你不适合称呼其为“姐姐”时，你可以用“大姐”，尽量不要用“阿姨”之类的称呼。

人总是喜欢听别人的赞美。有时，即使明知对方讲的可能不是实话，心里还是免不了会沾沾自喜。

对于赞美的话，基本上没有人会拒绝。

第五章

拥有卓越口才，一句话说在问题关键处

简洁明快是表达的核心准则，避免冗长啰嗦的语言

讲话表达，简洁明快是核心准则，务必避免冗长、啰嗦的语言。

简洁明快的语言能增添说话的魅力、加强表达的力度，原因如下：

第一，简洁明快的语言是认识能力和思维能力高超的表现。话语的简洁常常体现出说话人分析问题的快捷与深刻。

第二，简洁明快的语言是果敢决断的性格表现。自信心强、办事果敢的人都说话干脆果断，不拖泥带水。

第三，现代社会节奏快，时间观念强，说话简洁会给人一种生机勃勃的现代人的感觉，所以，简洁明快的话语还是时代风貌的反映。

第四，简洁的话语既能不占用听者太多的时间，又能使听者觉得说话者很尊重他。所以，说话简洁的人受人欢迎。

我们都会有这种感觉：那种说话唠唠叨叨、啰啰嗦嗦、拖泥带水、言语窒泛的人，是很令人讨厌的。曾有位“啰嗦先生”在写给家人的信中说：

“……吾于下月即将返里。不在初一即在初二，不在初二即在初三，不在初三即在初四，不在初四即在初五，不在初五即在初六，不在初六即在初七，不在初七即在初八，不在初八即在初九……不在二十八即在二十九。其所以不写三十，因月小之故也……”

“啰嗦先生”这封可简为“吾下月将返里”的书信，却啰嗦了这么长，谁看了也会觉得索然寡味，十分讨厌。虽然这仅是一则笑话，但它也告诉我们一个深刻的道理：说话啰嗦就会失去魅力。

许多说话啰嗦的人，常常是因为情绪激动而造成思维混乱，且语言表达前后倒置，条理不清。所以，要做到说话表达简洁明快，我们就要在思维和语言两个方面下工夫，不断练习，掌握技巧，适当发挥。

1948 年，牛津大学举办了一个关于“成功秘诀”的讲座，邀请到了当时名声籍甚的丘吉尔来演讲。3 个月前媒体就开始炒作，各界人士引颈等待，翘首以盼。

活动当天，会场上人山人海，水泄不通。全世界各大新闻机构都到齐了。人们准备洗耳恭听这位大政治家、外交家、文学家（丘吉尔曾获诺贝尔文学奖）的成功秘诀。

丘吉尔用手势止住大家雷动的掌声后，说：“我的成功秘诀有三个：第一是，绝不放弃；第二是，绝不、绝不放弃；第三是，绝不、绝不、绝不放弃！我的讲演结束了。”说完就走下讲台。

会场上沉寂了 1 分钟后，爆发出热烈的掌声，经久不息。

在当众讲话中，我们要学习丘吉尔的这种表达方式，去除啰嗦累赘的语言，追求简洁明快的风格。

清晰表达观点，语言干净明白不累赘

说话要想清晰准确地表达自己的观点，一个重要的原则就是语言干净明白，不带累赘成分。

不少人说话时习惯加一些自己喜欢的词语与字眼，认为这样可以使自己的表达显得自然，结果只是增加了沟通的障碍，更多时候是给自己添麻烦。

“哦”和“你知道”是语言中毫无意义的累赘成分，只不过是添入了些停顿的声音。除此之外，还有一些大家常见的累赘成分，如“现在”“据说”“那么”“你知道我的意思”“你懂吧”“等等、等等”之类，以及喘息、碎嘴、清嗓子和哧哧发笑。

清嗓子不仅会刺激说话人的嗓子，而且还会刺激听众的听觉，使他们也想清嗓子。

有个律师烦恼地抱怨：无论什么时候，只要自己一讲话，就能发现听众的眼睛里呈现出二种痛苦的神情。

“我很清楚，”他说，“我的演讲词准备得相当不错，可究竟我说话时有什么毛病呢？”

其实问题很简单，他的毛病就是不停地清嗓子。当他后来认识到这个陋习之后，立刻改掉了（在所有的问题中，“自我约束”的力量不可低估，只要能做到“自我约束”，大部分的语言障碍都能因此而清除）。

至于哧哧发笑，对未满 14 岁的少年儿童来说是可以原谅的。但如果超过了这个年龄还是不改，就是罪过了。

有位矮小圆胖的中年妇女说话总带着一种持续的刺耳笑声。

为了减弱她的笑声，尽可能使之不那么刺耳，专家首先采用了贴纸的方法，在纸条上写着“哧哧笑”的地方画了一个红叉。还有一个办法是让她练习运用通畅的呼吸来说每句话。这样，她也就没工夫停下来发笑了。

除此之外，专家还采用了一个心理上的措施。

因为哧哧发笑令人联想起少年时代，所以专家问她：“你要是喜欢哧哧发笑，为什么不穿上一条少女的迷你裙呢？”清除陋习的前提是要先认识到陋习的存在。事实上，有时只要认识到这一点就足以达到清除的目的了。

贴纸是理想的警告牌。

如果发现自己说话时，常带“哦”之类的字眼，你可以把“哦”字写在贴纸上，在上面画个叉或一条线。至少要做 6 张这样的贴纸，分别贴在你肯定常看到的地方，诸如写字台、炉灶、电话机等上面，并切实按照这个要求去做。要不了几天，你的障碍就会消除的。

简短、简洁、简练地表达

前苏联文学家高尔基说，如果有个人说起话来废话连篇，这就说明他自己也不甚明了他说些什么。

在公共场合讲话，有的人长篇大论，滔滔不绝，用语言的触角抓住了每一位听众，自然令人钦佩；有的人把自己的意思浓缩成一句话，犹如一粒沉甸甸的石子，在听众平静的心湖里激起层层波浪，同样值得称道。换个角度说，如果简短更有力，或同样有力，又何必长篇大论呢？更不用说是冗长而拖沓的演讲了。

高明的说话表达方式应当是，只说一句话，不旁生枝节，抓住精髓，一语中的。

说话表达的时候，每一句话都要明白易懂，避免用艰涩词汇。别以为说话时用语艰深，就是自己有学问、有魄力的表现。其实，这样说话不但会使人听不懂，而且弄巧成拙，还会引起别人怀疑，以为是在故弄玄虚。当然成功的当众讲话还需要丰富的词汇、多变的句型，使讲话扣人心弦，让听众欲罢不能。

简明扼要，三分钟表明意思

大多数口才出色的人，表达观点都是简短有力、简洁明快的。而自信心不够的人，在说话之前，总先要解释一番为什么要说，然后才说出他想表达的观点。结果，还不等他触及正题，别人早就烦了。

所以，当你想发表观点时，不妨直奔主题，比如，“我想说说关于节省开支的问题……”然后，围绕你的主题，进行尽可能简洁的表达。正如外国谚语所说：当我问你几点钟时，你不要告诉我钟表的工作原理。

为了使说话更加简练明确，有时让对方迅速听到最重要的东西即可。在使用细节作为论据时一定要保证观点突出，不要有过多的观点。

确保只有少量的主要观点，或者仅仅是一个主要观点，然后围绕这个观点把要讲的话讲明白。

特别是身为一名领导者，要想说服别人，让别人明确执行你的命令，掌握这种简洁明确的说话方式是十分重要的。

比如，某县国税局连年完不成税收任务，仅上半年全县就欠税300多万元。7月，张局长临危受命，上任后即展开了深入细致的调查、摸底工作。

在此前提下，召集20个纳税大户举行座谈会，张局长开宗明义地说道：“我是个转业干部，二杆子脾气，我到这儿任国税局长，一不图官，二不图钱，就图个痛痛快快干工作，我初来乍到，能不能踢好头三脚，还要看各位买不买账。一句话，政策以外的钱我一分不收，该纳的税一个子儿也不能少，而且一天也不能再拖，谁觉得为难，自己看着办，下周的这个时候我要结果。”会后，在20个纳税大户的带动下，上半年歉收的所有税款一周内全部完成。

张局长简短的几句话，不仅展现了军人果断的性格和干练的作风，而且句句流露着锋芒。

在这样的气势下，有谁愿意与“初来乍到”的新局长过不去呢？所以，张局长上任伊始就来了个“开门红”也就顺理成章了。

在谈话表达当中，有时候需要苦口婆心地讲道理，而有时则不需要长篇大论，紧要处点到为止，正所谓言简意赅、微言大义。

平实朴素的语言是说话表达的基调

平实朴素的语言是说话表达的基调。

华丽的语言不适合于一般的说话，否则就有一种凝重的不和谐感觉。我们平时的说话表达要有平实、朴素的风格，它是占主导地位的，是基本的格调。平实朴素的语言风格，会创造一种相当平和愉快的说话氛围，给人一种和谐亲切的感受。

尤其是身份、地位比听话者高的说话者，一定要平实朴素，即平易近人、谦虚、朴实。这样，谈话才会在和谐气氛中进行下去。

平实朴素的话语往往能表达出很深刻的思想，它如同明快的河流，没有矫揉造作之嫌，无故弄玄虚，装腔作势之疑。

平实朴素的语言，可以称之为天然语言，它是不加雕琢，不作刻意修饰的。没有太多的定语修饰成分，没有太多的修辞加以描绘，如同绘画中的素描、速写。简明扼要地三言两语。就能把自己的意思表达清楚。

陶渊明的“采菊东篱下，悠然见南山”两句诗，无一字雕琢，无一丝斧凿，活画出一幅明丽、恬淡、幽雅、质朴的田园生活图。难怪金代的元好问盛赞陶渊明：“一语天然万古新，豪华落尽见真淳。”严羽《沧浪诗话》也称誉：“明之诗，质而自然。”

“清水出芙蓉，天然去雕饰”

无论在艺术领域内，还是社会生活中，淳朴、自然都可称得上最美的境界之一。艺术大师们往往把朴素作为美的必不可少的条件。列夫·托尔斯泰在1851年的日记中宣称：朴素，是他一生“梦寐以求的品质”；诗仙李白主张：最好的诗文应是“清水出芙蓉，天然去雕饰”。老舍在谈到说话艺术时也曾形象地比喻说：“真正美丽的人是不乱施朱粉、不乱穿衣服的。”作为人类社会生活重要组成部分的言语交际活动，某种意义上说，也是一种艺术活动。因此，真正富有魅力的话语，应该是朴素、自然的。

朴实无华的语言是真诚心灵的表露，是美好情感的折射，因此，常常有着巨大的感染力。有一年，中国电影的最高奖“金鸡奖”与“百花奖”在北京同时揭晓。著名演员李雪健因饰演《焦裕禄》的主角焦裕禄，而同获这两个大奖的“最佳男主角”。李雪健在获奖后致答谢词时说：“苦和累都让一个好人——焦裕禄受了；名和利都让一个傻小子——李雪健得了。”他话音刚落，全场掌声雷动。李雪健这里虽然只说了不到30个字的获奖感言，却非常有感染力，言语中既歌颂了焦裕禄的高尚品质，又体现了自己谦虚的心怀，淳朴实在，通俗易懂，给人留下深刻的印象。

平实朴素的语言最重要的是要言之有物，简单明了，朴素明快。英国大戏剧学家莎士比亚说：“简语是智慧的灵魂，冗长是肤浅的装饰。”真正达到平实，也不是一件容易的事，不仅要不间断地提炼语言，而且要不断地说下去。

说话要追求明白晓畅，通俗易懂的话语效果

口头语言通过耳朵传入大脑。因语言有同音异义，一音多义，如用晦涩难懂的话，势必影响听的效果。而且听众文化素养有很大差别，应该“就低不就高”。所以对广大听众讲话，更应该明白晓畅，通俗易懂。

1940 年 7 月，贺龙同志在晋绥军区的党员训练班讲党课。讲课之前，指导员带人抬来一张旧木桌，一条木板凳，桌子上放了两个粗瓷大碗和一双布鞋。这三样东西，一下子吸引住了学员们，大家不明白他要干什么。贺龙笑眯眯地说：“我来讲第一课，党的群众路线，就是党和群众的关系喽！”然后他端一个大碗问学员，里面的小米是做啥用的，大家异口同声回答，是做饭的。又问哪来的，大家回答，是老百姓的。贺老总由此生发开，讲吃小米容易，种小米难；又讲老百姓吃墨石，让部队吃小米；讲军民关系，讲群众路线；又批评了有的同志违反群众纪律的事，讲得大家心服口服。大家明白了搞不好群众关系就会挨饿，打败仗的道理。说着说着，贺龙同志拿起另一个大碗，里面盛满了水，还有一条鱼。贺龙把鱼从碗里捞出来。不一会儿，鱼不动了。贺龙乘机问，鱼为什么不动了，大家回答是因为鱼离开了水。贺龙总结道，军队和群众，是鱼与水的关系，鱼离不开水，军队离开群众，就不能生存。根据地的存在，人民军队的壮大，都是因为执行了党的路线，得到群众拥护的结果。贺龙的课讲得具有真情实感。它不仅重点突出，层次清楚，而且把一个严肃的课题讲得浅显形象，通俗易懂。如果贺龙没有对人民群众的热爱之情，没有对人民子弟兵的热爱之心，不考虑学员的文化程度、理论水平、接受能力，就不可能讲出这些道理，就不可能对党的群众路线作如此深入浅出的阐述。

社交语言需要用讲话者和听者双方都习惯且共同感兴趣的“大白话”来表达，这样才容易沟通感情，交流思想。若追求华丽新奇，过分雕琢，听者就会认为这是在炫耀文采，从而对你的讲话一只耳朵进，一只耳朵出。所以，使用语言正像鲁迅说的：“有真意、去粉饰、少做作、勿卖弄。”否则，话说得再漂亮也不会有什么力量。

日常讲话表达要力求明白晓畅，通俗易懂。那种用“请恕、冒昧”之类的话未免是故作高雅，听众未必喜欢。罗丹说：“用铅笔画些花样，用色彩涂些炫耀的焰火，或是用古怪的文字写些光彩的句子，这些空头作家，就是世界上最机巧的人，然而艺术最大的困难和最高的境地，却是要自然地、相互地描绘和写作。”这句话对我们平时说话表达中的语言使用也是适用的。

简洁、朴拙、平淡的语言才是美丽的语言

有人说："朴素就是简单而实在呗。"这话，只说对了一半。朴素的话当然要实实在在的，但朴素绝不等于简单贫乏。言语真正的朴素美，应如苏东坡所言："发纤浓予简古，寄至味于淡泊。""简古"与"淡泊"即简洁、朴拙、平淡、清纯，不仅仅是朴素美的表现形式，而细腻丰富、蕴藏深厚的内涵，才能使朴素"挺直美的脊梁"。人们常说："墨有五彩"，这讲的正是在功力深厚的丹青笔下，单纯的墨色与丰富的表现力的和谐统一。在一个平庸的画匠手里，单色的墨尽管被涂得深浅不一，但那依然只是单调、平板、根本谈不上"五彩"，更谈不上什么真正的"朴素美"。朴素的魅力首先在于它丰富的内涵。

李瑞环同志讲话一贯以朴实、幽默而著称。听众感到轻松自然，而他自己却为推敲每一次的演讲，不知熬了多少夜，流了多少汗。他对前去采访的记者深有感触地说："看鸭子凫水，上边平静，下边爪子忙得可邪乎呢！"言语的朴素美，实际上是经过许多有形、无形的提炼加工而呈现出的一种"大巧而若拙"的美，是一种让人听来舒畅自然而又韵味深长的美。

言语的朴素美贵在保持个性。话该怎么说就怎么说，或严肃，或幽默，或直率，或委婉，只要出口，皆发自内心，保持本色。

言语的朴素美最忌追慕虚荣和时髦。一般情况下，人们做到"怎样想就怎样说"并不难，站在讲台上，在陌生人面前，在某些特殊环境下，就不容易朴素自然地讲话了。有些人见某种语言、语调时髦，便争相效仿，弄成了邯郸学步：还有的人在某种场合，唯恐别人小看自己，便故意地装腔作势、卖弄博学，反倒增加了别人的反感。追慕虚荣和时髦并不能增进言语交际的效果，应当坚决摒弃。

大部分言语交际的场合，需要我们把话说得自然、通畅。因此，要尽量抛弃那些造作的、文绉绉的词汇，代之以平易新鲜的语言。例如，“久闻大名，如雷贯耳，今朝得见尊容，实乃三生有幸”，这种说法如果不是针对特殊对象、特殊场合，只会让人感到不舒服，甚至有虚伪之感。不如这样说“今天能认识您，我真高兴啊！早就听说起过您，今天终于见到了，真荣幸！”

朴素的言语给人的是淳美，带给交际的是成功。

大道理用大白话来表达

一个经过合格语言训练的人懂得何话说得，何话说不得，同样一个意思，如何说来才会让人会心一笑，意味犹长。在古今中外的语言实践中，语言技巧可谓是英华璀璨，博大精深，在此只能举其荦荦大者，以供读者欣赏，希望从中可使您找到当众讲话的灵感与技巧。

说话的通俗性，是指说出的话不但要生动、巧妙，而且还要明白、易懂，使人乐于接受。语言表达要大众化。它包括两个方面的意义：一是用语通俗，一听就懂；二是意义通俗，深入浅出。违背这两点，不仅会让人觉得不知所云，甚至还会造成各种误解。

多使用群众口头中常用的大众化语言，也可以使表述更为通俗易懂，增加语言的特殊表现力。大众语言来自于人民大众，是人民群众发明创造的。它包括俗语、谚语、歇后语等。在说话中巧妙地运用，能够增强说话的感染力。

俗语是通俗而广泛流行的定型语句，简练形象。恰当地引用俗语，可以增强说话或演讲中的幽默感和说服力。

谚语是劳动人民在长期的生产和生活实践中总结出来的语言，经历了千百年长期传诵，千锤百炼，凝结着劳动人民丰富的思想感情和智慧。谚语具有寓意深长、语言精练、朗朗上口、便于记忆的特点。谚语和俗语一样，也可以为语言增色。

歇后语也是为广大人民群众所喜闻乐见的语言，在群众中广为流传。歇后语一般由前后两截组成，前半截是形象的比喻，像谜面，后半截解说，像谜底。在谈话中恰当运用歇后语，可以增强谈话的趣味性，增加语言的表现力。

例如，为说明某人工作开展缓慢，可说："他呀，大象屁股——推不动。"为了说明自己没有能力办这件事，可说："我是丫鬟带钥匙——当家不做主。"为了说明办了一件出力不讨好的事，可说："我办的这事真是'公公背儿媳'——费力不讨好"等。

以上技巧通常是说，在语言运用上，要善于运用已有语言文化宝库中的珍贵宝藏，使我们讲话通俗易懂，为大众所接受。

谈话时要做到言简意赅，一针见血

古人讲：山不在高，有仙则名；水不在深，有龙则灵。说话也是如此，话不在多，点到就行。在生活节奏紧张快速的现代社会中，没有人愿意花费大量的时间去听你的长篇大论。这就要求你在谈话时要做到言简意赅，一针见血。

乔治是美国加利福尼亚州的大亨，资产逾 10 亿美元。某年他与商业伙伴戴维从加州飞往中国某大城市，准备投资建厂，寻找合作伙伴。

三天后，乔治坐到了谈判桌前，谈判对象是我国某一大型企业的领导。这位领导精明能干，通晓市场行情，令乔治颇为欣赏。听了这位领导对合资企业的宏伟设想后，乔治感到似乎已看到了合资企业的光辉前景。

正准备签约时，忽听这位领导又颇为自豪地侃侃而谈道："我们企业拥有 2000 多名职工，去年共创利税 700 多万元，实力绝对雄厚……"

听到这儿，乔治暗暗地掐指一算：700 万元人民币折成美元是 90 余万，2000 多人一年才赚这么点儿钱？而且，这位领导居然还十分自豪和满意。这令乔治非常失望，离自己预定的利润目标差距太大了。如果让这位领导经营的话，是很难有较高的经济效益和利益的。于是决定立即终止合作谈判。

试想一下，假若那位领导不说最后那句沾沾自喜的话，谈判也许会以另一种结局而告终。那位领导最后那些不着边际更是画蛇添足的话，不仅暴露出他自身的弱点，而且令外商失去了合作的信心，最终撤回投资意向，的确是多余之至，应该引以为戒。

在生活中我们经常看到，有的人习惯于喋喋不休、滔滔不绝地高谈阔论，而又词不达意，语无伦次，让人听而生厌；还有的人喜欢夸大其词，侃侃而谈，漫无边际。这样都容易造成画蛇添足的恶果。因此，我们“在开口之前，应先让舌头在嘴里转十个圈”。把多余的废话“转掉”，准备一些简单明了的话，一开口就往点子上说，千万不要东拉西扯，不知所云。

“吹笛要按到眼儿上，敲鼓要敲到点儿上”，话说在点子上对方自然会欣然接受。

简洁明快的语言是认识能力和思维能力高超的表现。话语的简洁常常体现出说话人分析问题的快捷与深刻。简洁明快的语言是果敢决断的性格表现。自信心强、办事果敢的人都说话干脆果断，不拖泥带水。现代社会节奏快，时间观念强，说话简洁会给人一种生机勃勃的现代人的感觉，所以，简洁明快的表达话语是时代的要求。

简洁的话语既能不占用听者太多的时间，又能使听者觉得说话者很尊重他，所以，说话简洁、表达明快的人受人欢迎。

以下是说话表达简洁应注意的几点。

1. 尽量简明扼要

说话表达越简明越好，有些人在叙述一件事情时说了很多话，但还是无法把他的意思表达出来，以致听者花了很多时间和精力，仍然不知道他想说明什么东西。如果你有这种毛病，一定要自己矫正。矫正的最好办法是，在说话之前，先在脑子里作一个初步的计划，然后再把计划要说的东西讲出来。

2. 用语不要过多重叠

在汉语里，有时的确要使用叠句来引起别人的注意，或者加强语气。但是，如果滥用叠句，就会显得累赘。

3. 同样的词语不可用得太频繁

我们虽然不必像某些名人那样，每说一事都要创造一个新词汇，但也应该在许可的范围内尽量使表达多样化，不要把一个名词用得太频繁。即使是一个非常新奇的词，如果你在几分钟之内就把它复述了好几次或十几次，那么人们对它的新奇感会丧失，并对它产生一种厌倦感。

4. 要避免口头禅

有些人在交谈中爱说口头禅，诸如“岂有此理”“我以为”“俨然”“绝对的”“没问题”一类的话。不管这些话是否与所说的内容有关联，这类的口头禅说多了，都会影响说话的效果，而且容易被别人当作笑柄。因此，这类的口头禅应下决心不说。

语句冗长，表达必词不达意、啰嗦干瘪；思维模糊，表达必语无伦次，枉费口舌。所以，在说话表达时应要求自己长话短说，要“筛选”“过滤”出最精辟的、恰如其分的表情达意的词句，尽可能以最简短的语言表达出深刻的内涵。

第六章

拥有卓越口才，告别粗鲁的沟通模式

隐晦点拨，呵护他人的颜面

北宋的张咏是一个很有智慧的人，他官至礼部尚书。听说寇准当上了宰相，他便感叹："寇准真是一个奇才啊！可惜在学问上尚存在某些不足。"原来他与寇准是至交，因此，对于寇准的劣势，他自然很清楚。为了帮老朋友及时改掉这个缺点，张咏很想找个机会劝劝寇准多读些书，毕竟身为宰相，其作为关系到天下的兴衰，学问理应丰足才是。

恰巧，寇准到陕西巡视，刚刚卸任的张咏也从成都来到这里。他乡遇故知，自然格外高兴。寇准设宴款待张咏，二人开怀畅饮了一番。分别的时候，寇准问张咏："张公，你能给我一些指点吗？"

张咏对此早已有所考虑，正想劝他多读一些书。但是话到嘴边，又说不出口。今非昔比，如今的寇准已是宰相，一人之下，万人之上。在这种身份悬殊的情况下，又怎好直截了当地说一个宰相没有学问呢？

于是，张咏略微沉吟了一下，说了一句："《霍光传》不可不读。"当时听到张咏的这句话，寇准并没有立即弄明白这话的意思，但是张咏不愿就此多说一句，说完这个，他就走了。

为了弄明白张咏此话的意思，回到相府，寇准立刻找出《汉书·霍光传》，他从头仔细地阅读，当他读到"光不学无术，谋于大理"时，突然明白了老友的意思，于是自言自语地说："这大概就是张咏要对我说的话吧！"

当年霍光官至大司马大将军，地位相当于宋朝的宰相。他立有很多重大的功劳，但是因为学问不高，难免居功自傲，不明人情与事理。

霍光的这些特点与寇准有某些相似之处，张咏说《霍光传》不可不读，其实就是想要借此书告诫寇准多读一些书，多了解一些人情事理，就能更好地辅政朝纲。寇准阅读了《霍光传》之后，很快明白了张咏的用意，并从中受益匪浅。

寇准是北宋著名的政治家，他为人刚毅正直且思维敏捷。张咏赞许他的奇才，但同时也指出了他的缺点——平时不大注重学习，知识面略窄，这种劣势将极大地限制他才能的发挥。

因此，张咏说的那句话是劝寇准平时多读些书以加深学问的意思，这句话既客观又中肯，虽简单却很巧妙。反过来想一下，如果当时张咏的话说得太直，对于刚刚出任宰相的寇准来说，肯定面子上不好过，而且这话要是传出去还会影响寇准的形象。

张咏知道寇准是个很聪明的人，简单地给了一句“《霍光传》不可不读”的赠言让其自悟，这话是何等婉转曲折，原本是“不学无术”这个连常人都难以接受的批评，通过委婉的方式表达出来，让人愉快地接受了。张咏的辞令智慧，可谓灵巧至极！

由此看来，巧妙地说话，可以化解很多不必要的麻烦，尤其在外交场合中，话不一定要多，只要足够深刻、巧妙，便能达到话少意深的目的。

在一次事故中，主管生产的副厂长老马左手指受了伤，被送往医院治疗。厂长老丁来病房看望时，谈到车间里的小吴和小齐两个年轻人技术水平较强，但纪律观念较差，想让他们下岗。

老马当时没有表态，只是突然捧着手“哎哟哎哟”大叫。丁厂长忙问：“疼了吧？”老马说：“可不是，实在太疼了，干脆把手锯掉算了。”丁厂长一听，忙说：“老马，你是不是疼糊涂了，怎么手指受了伤就想把手给锯掉呢？”

老马说：“你的话很有道理。有时候，我们看问题，往往因注重了一方面而忽视了另一方面。你看看，丁厂长，我这手指受了伤需要治疗，那小吴和小齐这俩孩子……”

丁厂长一下子听出老马的“弦外之音”，忙说：“老马，谢谢你开导我，小吴和小齐的事我知道该怎么处理了。”

老马用手指受伤需要治疗类比人有缺点需要改正，巧妙地把用人和治病结合起来，既没直接反对丁厂长，又维护了团结，成功地解决了问题。

两个人的意见发生了分歧，如果实话实说，直接反驳，就有可能伤了和气，影响团结。这个时候就需要我们选择委婉、巧妙的说法，来避免一些不必要的麻烦。

当别人问你“有什么指教”的时候，不要直接发表看法，最好客气一下，你可以说：“指教谈不上，不过，有些话不太好说，说错了，希望你不要介意。”这样一句话，可以使你的表达显得柔和而委婉。话说得太直白了，往往不是好事，有时会伤及他人的尊严，或者导致争论与冲突。若能够采取一种委婉的方式，隐晦地点拨一下，沟通的效果会更好一些。

正话反说，让人主动思考

某人牙痛，前去医院拔牙。医生技术娴熟，很快就把牙拔掉了。病人虽然觉得医生的医术不错，但又觉得这一会儿工夫就被医生赚了30元，有点耿耿于怀，他一边付钱，一边揶揄地对医生说：“你们牙医真会赚钱，只用10秒钟就赚了30元。”

医生没有直接反驳，只是笑道：“你要是愿意的话，另一颗牙我可以慢慢地给你拔。”

病人一听，笑道：“不，不，还是请快些给我拔吧！”

面对病人的挖苦，医生处理得十分巧妙。他没有正面顶撞，而是接着对方的话茬说下去，答应慢慢地拔另一颗牙。无疑，这种正话反说的方式，将了对方一军，使自己处于主动地位。

有一位太太认为自己的丈夫太不像话，于是到处向朋友诉苦告状，她觉得朋友一定会安慰她，并且帮助她劝说丈夫。

谁知有一位朋友听了后，却说：“你的丈夫怎么这么不像话，趁早离婚吧，免得将来受苦。”

这位太太听了朋友的话，反倒认为：“其实，我丈夫并没有坏到这种地步，还不至于要离婚。”就此再也不向朋友倾诉自己的丈夫了。

有个孩子在学校挨了老师一顿批评，心中非常怨恨那位老师，于是跟爸爸大倒苦水，扬言一定要给老师点颜色看看！

爸爸听了儿子的诉苦后，没有斥责，也没有教训，而是平淡地说：“真的是这样吗？那你就去给他点颜色看看吧。不过，你打算怎么给他点颜色看看呢？”

“我，我……”孩子想了半天，没有好主意，有些泄气地说，“爸爸，那你说该怎么办？”

爸爸笑道：“打他一顿？好像不行，那样即使你达到了报复的目的，也会触犯法律。捣乱？那你肯定又要挨批评，甚至还有可能被罚，不值得。”

“嗯，爸爸，你说得对。”孩子点头。

“那你说老师批评你，是不是为了你好呢？好好想一想。”听爸爸这么一说，孩子很快就放弃了报复老师的念头。

若不同意对方的看法，直接反驳，很容易引起争论，这个时候，可以采取先肯定再引导的方式，不妨附和对方的观点，并伺机将对方引入死角，让对方自行觉醒。

楚庄王得到一匹骏马，心中高兴得不得了。不想事与愿违，这匹马整天锦衣玉食，患上了“富贵病”，没过几天，便一命呜呼了。楚庄王十分沮丧。为了表达对这匹马的喜爱，他决定为马发丧，以大夫之礼下葬。

没想到此举遭到朝臣的反对，许多忠直之士以死相谏，但楚庄王主意已定，任谁也改变不了他的想法。

正当群臣摇头叹息之际，突然门外传来号啕大哭的声音。楚庄王惊问是谁，左右告之是侍臣优孟。楚庄王立即传令优孟觐见，问道：“爱卿，因何事大哭？”

优孟擦着眼泪，哭诉道：“堂堂楚邦大国，有何事办不到？有何物得不到？大王将爱马以大夫之礼下葬，不但不过分，还嫌轻视。我请大王以国君之礼葬之，这样诸侯们也会知道大王你重马而轻人，这不是很明智的举动吗？”

群臣听到优孟的这番话，顿时哗然，楚庄王却沉默不语。良久，他低着头慢慢说道：“寡人以大夫之礼下葬这匹马，确实太过分，但是话既已出，如今又能怎么办？”

优孟一听，马上接话道：“我请大王将死马交给厨师，用大锅烹饪，放上姜、枣、椒等作料。马肉让群臣饱餐一顿，马骨头以六畜之常礼下葬。这样，世人就不会笑话大王了。”

楚庄王得到了一个台阶下，群臣吃了一顿马肉，事情便就此了结。

优孟因侍奉楚庄王多年，熟知楚庄王的性情，知道面对此时的楚庄王，忠言直谏、强言硬谏都是行不通的。因此，他在获悉群臣劝谏失败之后，采取一种“正话反说”的策略，先顺着楚庄王之意说下去，自然地流露出揶揄、讽刺之意。

正话反说是荒谬的“放大镜”。在某些特定情况下，有些话不能说出来，为了避免尴尬，不妨从其反面说起。须知真理再向前一步就可能变成谬误，反面的话稍加引申，就可能走到反面的反面。

当你不同意别人的看法，想要反驳对方的时候，最好先想清楚，若是直接反驳，会不会有麻烦。也许先赞同对方的观点，附和一下对方，再采取正话反说的方式，就能让对方主动思考，意识到自己的问题。这样岂不比带有强迫性的直接说服更妙？

侧面提醒，不触霉头提建议

张云是个很活泼的女孩，点子多，做事有股冲劲，很得上司器重，大家都觉得她的前途必定一片光明。也许是脑子灵活的缘故，张云特别喜欢发表看法，对于别人的工作她总要评论一番，似乎不这么做就不过瘾。这个习惯让许多同事很不满。

有一次，张云所在的销售部开会，但是，到了会议室才发现，别的部门还没有开完会，于是大家就在门外等候。

张云忍不住了，竟然一个人跑了进去，并且对那个部门的工作发表了一通自己的见解，告诉大家应该怎样做，这番指手画脚自然引起了其他部门同事的反感。

后来，这样的事情还发生过好几回。直到有一次，她竟自作主张签了一份需要领导签字的合同。当领导问起那份合同的事情时，张云说："我觉得没什么问题，所以就签了。"领导很生气，便把她解雇了。

会动脑子，能提建议，这当然很好，事实上，每个开明的领导都会喜欢这样的下属。但是提建议要注意自己的职位，若是到处评论他人的工作，甚至擅作主张，越俎代庖，就有问题了。

就好像足球比赛，每个队员的站位、跑位都不能出错，工作也一样，讲究整体间的相互配合。每个人都必须明确自己的职责。所谓"不在其位，不谋其政"，你可以发表你的看法，但不能跨越自己的权限，进入别人的工作范围。尤其要注意的是，你不能替上级做决定，哪怕是你的上级不如你，都必须遵循下级服从上级的原则。这是最基本的礼仪，也是最基本的规则。

因此，在工作场合，我们要学会尊重他人，注意自己的定位，不能越位。有什么好的建议想要表达，可以采取一些比较委婉的方式。

相传汉武帝年间，雍州有个小吏叫曹迟，因为头脑精明、为人忠诚，深得上司的欣赏，于是被升任为雍州一个县的县尉，辅佐县令处理政务。

他刚到此县时就听到百姓在街头巷尾议论纷纷，他便乔装打扮成过路客商，深入百姓，调查民情。

原来，百姓们正在议论原来的县尉，说上一任县尉只做了短短的半年，因为做事刻板，不知道转弯，经常顶撞县令，而被县令革了职。

再仔细一打听，他才知道这个县令很不得人心，虽然为官清廉，但是才能有限，施政不灵活。百姓们有口难言，只好在街头巷尾议论纷纷。

曹迟上任的第一天，发现县令断案存在问题。如果直接指明县令的错处，很容易引起争论。那样的话，自己可能就会与前任县尉一样，因为不配合工作而被革职。这样一来，自己的宏图之愿就无法实现了。如果一切都顺着县令，又不符合自己为官做人的原则。

为此，曹迟为难了。他想了好一会儿，忽然想到了一条妙计，他决定表面上稀里糊涂，顺着县令，但是暗地里旁敲侧击地给县令一些建议。

果然，没过多久，县令在他的辅佐下改正了自己的错误，当地的风气也为之一新，老百姓对官府的看法也好多了。

而县令不仅对曹迟的态度很好，连性格脾气都变得温和起来。一年之后，曹迟得到县令的举荐，被调任到另一个县担任县令之职。

曹迟的聪明之处在于，他吸取了前任县尉的教训，没有越俎代庖，也没有直接提建议，与县令争辩和理论。他采取旁敲侧击的方式，向县令提出独到而正确的见解，收到了良好的效果。

记住，你是去做事情的，不是去争论长短是非的。成大事者，不会在乎虚名，所以不会跟人争辩，以获得口头上的胜利。要学会适当地表现自己，而不要过度。在某些场合，若你的光彩遮蔽了他人的亮点，便很容易让对方陷入尴尬的处境。比如，你要去给人当伴郎或伴娘的时候，最好穿得普通一点。因为在婚礼上，新郎和新娘才是主角，要是伴郎和伴娘的光彩盖过了新郎和新娘，那么新郎和新娘心里肯定不乐意。

工作场合也同样如此，该你出风头的时候，你尽管表现，但不该你出场的时候，就不要肆意表现。如果你有好主意需要告诉对方，注意不要那么直接地提出，特别是向上司提建议的时候，应该尽量委婉一点，最好从侧面去提醒对方，这样会比较容易成功。真正聪明能干的人，绝不会越俎代庖，替上司做决定。

要学会虚心地向对方请教，让对方出主意可以这样说："您认为该怎么办才好呢？"当对方说出他的看法时，你只需适当提示，让他主动地思考下去，他就会得出和你一样的结论，你可以这样说："您认为这样做怎么样？"采取商量的语气，启发对方，能够让对方放下戒备心理。这个时候，你的意见便很容易植入对方的脑海，从而让对方接纳你的意见。

枪打出头鸟，不过度表现自己

孟小姐是一位研究生，毕业之后，她到一家大型的咨询公司工作，这让同学们都非常羡慕。对此，孟小姐很得意。有朋友看出她的傲气，便告诫她："老同学啊，你太优秀了，什么都好，就是太张扬了点。"

孟小姐不同意，当即反驳："那不叫傲气，那叫自信！"朋友苦笑道："你说得对，可就怕别人误会啊。"

孟小姐不以为然："他们怎么想，我可管不着。"很快，她就把朋友的话抛到脑后。

与孟小姐坐对桌的，是个姓刘的中年女人，大家都叫她"刘姐"。也许是因为孟小姐是新人，刘姐总是找她的茬儿。有一次，刘姐还公然指责孟小姐："办公桌上不要摆上那么多饰物和明星照片，这样容易影响工作。"

孟小姐听了，想也没想便回道："刘姐，您不了解年轻人，现在的年轻人是能边玩边把工作做好的一代，而且工作累了看看这些时尚的东西，既养眼又舒心，对工作有好处。"

刘姐听了没再说什么，不过，脸色变得很难看。

几天之后，孟小姐的账目上出了点小差错，刘姐毫不客气地对孟小姐进行了指责。此后，二人的摩擦便多了起来。

因为学历高、业绩突出，孟小姐的奖金很高。同事便开玩笑地说："小孟啊，你才工作不久就做出这样出色的成绩，一定要请客啊！"

孟小姐得意地说："这算什么啊，再过一些时候，我的业绩肯定比现在更突出，到时候一定请你们去饭店大吃一顿！"

不久，孟小姐发现大家都突然变得不爱搭理自己，有时候大家谈得热火朝天，她很兴奋地跑过去加入，可是大家很快便找理由散去。

正当孟小姐困惑之时，一年一度评先进的时候到了。她私下里盘算了一下，觉得凭业绩这个先进奖非自己莫属。然而，最终她并没有得到先进奖。孟小姐很不服气，直接去找领导。

领导看到孟小姐进来，便一脸微笑。孟小姐正想要说话，领导却笑眯眯地先开口了："小孟啊，我正有一个好消息要告诉你，因为工作需要，你暂时被借调到分公司去工作一年。你可要好好努力啊！"

孟小姐顿时呆住了，所谓"借调"，其实就是"下放"。最后，孟小姐没有去分公司工作，而是选择了辞职。

有个女大学生刚毕业，进入一个广播站工作，她的内心充满了激情。当时，与她搭档工作的是一个有三年播音经历的工作人员。

在一次播音前，女大学生进行播音练习。她读了一遍讲稿，感觉还不错。为了让自己有所提高，她就找到搭档，希望得到他的指点。

"这个，看出你的认真了。"他看了看那篇讲稿，笃定地继续说，"我猜啊，这篇文章你看过不下三遍！"

"没有，就一遍啊。"女大学生毫不犹疑地说，暗自高兴。

然而，话一出口，她的搭档的笑容凝滞了，有些尴尬地说："是吗？那行了，你已经很出色了。"说完，他马上把讲稿还给了她。

不久，广播站里的人都知道，新来的那个女大学生非常骄傲，目中无人。女大学生发现，自己已经成了众矢之的。

做人谦虚，才受人欢迎；对人尊重，才得人尊重。无论何时何地，都有一个先来后到的问题，新人对老员工的尊重，老员工对新人的提点，这是很正常的事情。刘姐对孟小姐的指点，其实并不是对摆放东西有意见，而是表示一种态度：我是老员工，你要眼睛里面有我。然而，孟小姐不懂得这一点，直接顶撞刘姐，这是一种不礼貌的行为。

当同事说"业绩突出要请客"时，孟小姐依然不知道谦虚做人，反而夸下海口，给人留下目中无人的印象，自然也就让大家与她产生了距离感。如此一来，评先进的时候，大家自然不愿意选她。

那位女大学生也是如此，若能在得到表扬的时候谦虚一些，这样表达："谢谢你的赞赏，这可是我第一次直播，我怕出问题，所以……"如此，别人不仅会觉得高兴，也会觉得她做事认真负责。

做人要虚怀若谷，防止骄傲自满。目空一切、唯我独尊的人，十之八九都不得人心。在生活中，我们应该约束自己，力戒盲目自满，须时常检视自己的弱点和短处，把态度放得谦逊一些，而不能自视高明，常常摆架子。

说话的智慧

聪明是一件好事，但若时时处处去证明自己的聪明，就显得不太聪明了。不要总说，你比别人更聪明，或许有少数几个人会敬佩你，但大多数时候，你得到的不会是敬佩，而是讨厌。

可以想象，若有个人对你说："我比你聪明，你的智商不如我。"你的感受会好吗？你肯定会觉得这个人太狂妄了，一点儿都不谦虚。因此，明智的做法是在适当的时候表现你的聪明，而不要总是挂在嘴边。

人们常说："话不投机半句多。"可见，无论在什么方面，兴趣都是引领事情顺利发展的前提条件，人与人之间的沟通与交流也不例外。那么，怎样才能引起对方谈话的兴趣呢？

对于容易接近的谈话对象来说，天气、球赛、对方的兴趣爱好等都可以是话题的开端，但是对于那些不容易接近、拒人于千里之外的对象来说，就必须要用一些技巧，巧妙地引起对方的谈话兴趣，让他愿意交谈并有话可谈。

对于拒人于千里之外这样的谈话对象来说，开门见山、单刀直入显然并不合适，因为他明摆着就是不愿意和你说话，硬凑上前不但自讨无趣，也不会对交流与沟通有任何帮助。因此，这时我们不妨用迂回曲折的方式，吊起对方的胃口，激发对方的好奇心，从而引发其谈话的兴趣，让他主动与你交谈。假如你能做到这一点，那么离顺利地沟通也就不远了。因为，"好的开端是成功的一半"，这是众人都明白的道理。

话太直白，你的朋友“伤不起”

面对陌生人，我们往往可以时时提醒自己要注意谈吐礼仪，因此失礼的时候也不会很多。反倒是面对熟悉的人，我们往往会忽略这点。

丈夫下班后刚进家门，就对妻子叫嚷：“喂，饭菜做好了没有？我快饿死了。”妻子刚做完家务，非常劳累。丈夫没有丝毫关切之语，却还用这种口气对自己说话，妻子感到十分生气，说：“我不是你的保姆，没义务给你做饭。”

结果丈夫听了，也窝了一肚子气。到了晚上，两个人躺在床上的时候，妻子感觉家里好像有小偷进来，她踢了丈夫一脚，说：“喂，好像有人进来了，你下楼去看看。”这时，丈夫没好气地答道：“我不是你的私人保镖，没义务给你巡逻。”

关系越亲密，人们就越不喜欢客气，讲话比较直接，有时甚至很难听，比如这些问候：“你还没死啊？”“喂，要死的，你跟我出来一下！”

然而，因关系亲密而不太讲究说话方式，说话太直白，会直接导致与亲人或朋友间的关系出现问题。

小文、小柳和小陈是从小到大一直非常要好的姐妹。为了延续彼此的情谊，她们都未远嫁，在同一个城市生活，在同一个小区居住，经常聚会聊天，过着开心的日子。三家人甚至还定了“娃娃亲”——小文生了闺女，小柳和小陈生的都是儿子，于是小柳和小陈都争着和小文做“亲家”。

然而，就是这样一段深厚的闺蜜之谊，在那年的夏天却遭遇了挫折。

这一年的七月，小文的女儿得了手足口病。因为三个孩子总是一天到晚在一起玩，一听说小文的女儿得了手足口病，小柳和小陈就开始担心了，生怕自己的孩子在一起玩时被传染。

那么，如何避免被传染呢？只有一个办法，那就是“隔离”，也就是不和小文的孩子一起玩。如何做呢？小柳和小陈采用了不同的办法。

小柳的脾气很直，再加上年龄最大，平时她都以大姐自居，一听小文的女儿得了手足口病，她吓得大惊失色，抓起电话就打给小文：“小文啊，听说你家冰冰得手足口病了？那你可千万别带着她到处跑了，这半个月就先别来我家啦！”

其实，小文也是自觉的人，她准备把孩子放在家里进行隔离治疗，原本就没打算带孩子出去。听了小柳的一番话，她直接就把电话挂了，气得晚饭都没吃，她对老公说：“知人知面不知心，真没想到她是这种人。”

小文说：“作为好姐妹，如果说我哪里不好，我都能接受，但她不但不关心我家孩子的病情，还歧视我的孩子，更直接提醒我别去她家，这我没办法接受。”事后，虽然小柳对小文解释说：“我不是那个意思。”但仍然驱散不掉小文心里的阴影，俩人的友情出现了裂痕……

与小柳相比，小陈却是一个会说话、会办事的人。听说小文的女儿病了，作为一个母亲，小陈当然也担心自己的孩子在玩的时候会被传染，但是她没有直说，而是酝酿好情绪，拨通了小文的电话，慢条斯理地讲起来。

小陈说：“文啊，听说咱宝贝闺女病了？情况怎么样啊？”

小文说：“嗯，到医院看了，情况算是稳定下来了。”

小陈说：“那就好，又要打针又要吃药的，孩子可真受罪。你也别太担心啊，只有你强大了，才可以保护好宝宝啊！”

小文听到这些话，心情好了许多，说：“谢谢，谢谢，只是孩子这些天也不方便出门了，医生说要隔离治疗。”

小陈说：“哎，我也愁，我家的宝贝得多难受啊，天天嚷嚷着找冰冰妹妹。我看着都心疼，可是没办法呢。我告诉他，等冰冰妹妹病好了，我带他们一起去游乐园，这才把儿子打发了。”

挂了小陈的电话，小文就感叹：“陈姐姐做人，真的没话说。”

许多人都认为只需要对陌生人、客人客套，而对那些关系亲密的人则不需要太客气。其实不是这样的，不论什么关系，要想维持下去，前提与基础就是相互尊重。

小雨是一个很有礼貌的人，一次，一位朋友帮他做了点小事，他马上说了声“谢谢”。朋友很奇怪地问：“大家都这么熟悉了，还用得着这么客气吗？”

小雨说：“再熟悉你也没义务对我好。你帮了我，我应该感激你。”

后来，朋友逢人就说小雨的好话。

朋友之间也离不开客套话，因为朋友也有情绪，也有好恶。虽然朋友之间因为了解会担待多一些，但有些东西也冒犯不得。说话做事，要注意别伤了朋友的心。

不论什么时候，不论什么关系，适度的客气是维持友好关系的润滑剂。到朋友的家里做客，朋友通常会很客气地对你说：“咱们都是哥们，你就把这里当成自己的家，千万不要客气。”若是你把这话当真，那么很可能惹人讨厌。记住，进入朋友的房间和动朋友的东西之前，应获得别人的许可。

委婉赞美，收获好人缘

有位人际关系专家说："人与人之间的亲密与和谐，往往只需一份真诚和一句赞美。"如果你能够给予别人适当的赞美，便很容易获得别人的好感。当然，赞美也需要技巧，不能随意而为。有的人不懂得赞美的技巧，结果画虎不成反类犬，使赞美之词沦为阿谀奉承，给对方留下不好的印象。如果让人觉得你的赞美之词太露骨、太肉麻，不仅无法让人产生好感，反而会招致厌恶。

赞美讲究适当、适度，但应该怎样做呢？这很不好把握。实际上，当面的赞美往往因为度的把握不到位，而让人误认为是奉承和恭维，因此给人带来不好的感受。那么，有没有更好的办法让人感受赞美的愉悦呢？

你若直接针对一个人表示赞美，也许会让人觉得虚假。相反，如果你从侧面去赞美，也许就会好很多。

比如，你到某餐厅吃饭时，你若对厨师说："你真是一位了不起的厨师！"那么对方可能会觉得乏味。因为他知道还有很多比他更好的厨师，正所谓一山更比一山高。

因此，你可以换一种赞美的方式，如"很合我的口味，看来以后得常来啊。"这样的肯定岂不是更让人开心吗？

还有一种委婉赞美的方式值得我们学习，那就是背后赞美，或者通过第三者传达你的赞美。

有一天，张经理有些气愤地对秘书林小姐说："小林，咱们部门里的那个小王，我真是受不了她，请你转告她，如果她不改改那坏脾气，就赶紧走人吧。"秘书林小姐说："好的，经理！我会处理这件事的。"

后来，张经理再次遇到小王的时候，他发现小王就好像变了一个人，变得既和气又温柔，和之前简直判若两人。张经理感到很奇怪，这人的性格变化也未免太大了一点吧。于是他便找到秘书林小姐，问她怎么回事。

林小姐笑着说："经理，你得原谅我假传'圣旨'。我跟王小姐说'有很多人称赞你，尤其是张经理，说你既温柔又可爱，脾气好，人缘也好'，她听了很开心，这不，脾气也改了。"

张经理大赞秘书做得好，同时他也开始反思自己以前的做法。事实上，以前他赞美过下属，但显然效果不是很好，没想到这背后赞美比当面赞美的效果更好。

实际上，秘书林小姐利用了背后赞美的技巧。设想一下，如果有人告诉你，有人在背后说了许多关于你的好话，你能不高兴吗？

这些好话，如果是在你的面前说给你听的，或许适得其反，让你感到很虚假，或者疑心对方是别有用心。而背后听来，却觉得分外真实，特别悦耳。

假如你离开了原来的公司，到新公司应聘的时候，新公司的老总对你说："你原来公司的老总是我的同学，他跟我说过你，你是位很能干的人！"相信你会很高兴，同时也会很感激原来的老板。

事实就是这样的，既然一切如此明了，我们为什么不这样去赞美别人呢？如果你这样做，不仅能够让对方感到愉悦，还能够赢得他人的好感。

当你直接赞美对方的时候，对方极可能以为那只是一些应酬话和恭维话，目的只在于安慰他。要是通过第三者来传达，效果便会截然不同。此时，当事者必定认为那是认真的赞美，没有半点虚假，从而真诚接受，还对你感激不尽。因此，多在背后赞美，是使人际关系融洽的好方法。背后赞美，为什么会有这样神奇的效果呢？

首先，背后赞美体现出对他人的尊重和鼓励。也许他本身并没有你说的那么好，但是，对于你这种由衷的赞美，他总会有一些反应。

其次，背后赞美展现出你宽广的胸襟和真诚的品格。背后赞美，虽然是一件小事，但这样做可见你的胸怀。胸怀狭隘的人连一句好话都不愿意给别人，而胸襟宽广的人从不在背后说人坏话。

以上所述可以看出背后说人好话的妙处。如果背后说人坏话，相比于当面说坏话，则会让别人更加愤怒。也许人家原本对你的印象不错，但你在背后说人家的坏话，传到人家耳朵里，你想他的感受会是怎样的呢？那是一种被欺骗的感觉。因此，一定不要在背后议论他人的不是。

如果可能的话，最好不要在背后议论他人，尤其不要说他人的坏话。为什么这么说呢？因为背后说人坏话的风险比较大，传到别人的耳中，坏话有可能更变味。而在他人背后说一些赞美的好话，则不怕传不到对方耳朵里。对方一旦得知，会真诚感激你的赞美，你也会由此获得好人缘。

多说好话，别让人感到难堪

有位姑娘早晨上班时在电梯前遇见了同事阮姐，打过招呼之后，姑娘看了看阮姐的打扮，说道："哎哟，阮姐，你今天的衣服搭配得很别扭啊！你这种衣服和发型不配啊！"

结果，阮姐因为那姑娘的这么一句话，好心情一下子就消失了，生了一天的闷气。

有位老人在路上遇到邻居，邻居问他干什么去，他回答说去看音乐剧。那位邻居听了之后，说道："嗨，这就是小市民趣味啊！有什么可看的呢？"

之后，老人走在路上，心里头总不是滋味儿，不断地碎碎念："什么叫小市民趣味？什么叫小市民趣味！"

到了剧院门口，他想了好一会儿，最终没有买票，但心里始终有种不舒服的感觉。

假如你是那位阮姐，听到那样的话，心里会高兴吗？假如你是那位老人，听到别人说你小市民趣味，心里会是什么感受呢？

对于好话、喜庆的话，谁都不会拒绝，而对于坏话、别扭话，没有几个人会有好脸色。

难道说好话就这么难吗？如果你不会说好话，那不妨多去商店里逛逛，好好地学一学。

百货公司里化妆品专柜的店员永远都不会说的两个字是"老"和"丑"。每天，都会有一些中老年妇女来到专柜前，说自己皱纹又多了几条，脸上的色斑又跑出来了，眼袋似乎越来越明显了……她不是要找专柜店员承认她的老和丑，而是渴望别人给她一点希望，让她重新拥有自信。

这时候，那些业绩惊人的专柜店员就会说："您看起来就像我的姐姐，甚至更年轻呢！"

"不会！您这个年纪，这点色斑算是很少的，我看过很多女演员，年纪轻轻的，色斑比您的多很多呢！"

"您的皮肤保养得真好。看起来又白又嫩，只是水分稍微少了点，我们刚好推出一组保湿美白的乳液，挺适合您用，要不要试试看？"

"我看看！这鱼尾纹每个女人都有，您的一点也不深，而且我敢保证您的生活一定很幸福，幸福的女人常常笑，笑得多了才有鱼尾纹，而且您笑起来眼睛特别有魅力，如果我是帅哥，一定要追您！来，这瓶除皱霜可以让您的鱼尾纹变得更浅，慢慢皮肤又会紧实了！"

老实说，这些专柜店员个个都比心理医生还厉害啊！她们全部是攻心说话的高手。

一个从事心理咨询的医生说："对女人来说，最好的心理医生是化妆品专柜店员，很多心理医生在恢复病人自信的功力上，都比不上她们。"

好听的话，人人爱听；不好听的话，人人唯恐避之不及。多说好话——赞美、鼓励、安慰、增强他人信心的话，是一种顺乎人心、使人身心愉悦的行为。

如果我们能常说好话，就能改善人际关系。如果每个人都善于说好话，则能促进社会和谐，化解不必要的矛盾和冲突。就让我们从日常生活开始，一起来多说好话。

少说不顺耳的话，多说一些好听的话。多赞美人家的好，多表扬人家的优点，少说人家的不好，少提别人的缺点。通过你说出来的话，人们就可以发现你内在的想法，还有你本身的修养。

女人喜欢听人说她很美丽，男人喜欢听人说他很强大。每一个人都希望听好话，而不喜欢听坏话。

若你的话难听，就别怪他人讨厌你。即便那些不好听的话是诤言挚语，也不能让人高兴。

爱听好话是人的天性，会说好话的人才能人见人爱。

多说一些悦耳好听的话总是不错的。如果你可以对大家说一些好听的话，就会发现大家给你的鼓励也越来越多，对你的信任也会越来越强。

也许这对你来说，是一种莫大的助力。

第七章

拥有卓越口才，和颜悦色说话更有味道

说话客气点儿，和气才能生财

小黄刚大学毕业没几年，在一家装潢公司做设计人员。有一次，他们给一家单位制作一个大灯箱。客户单位的负责人坚持要装潢公司的安装人员按照他建议的方案安装灯箱，结果灯箱安装到一半的时候，因为操作方法不当摔坏了。

小黄得知此事后，非常生气，他理直气壮地找客户单位的负责人理论："我说你也太多事了，安装灯箱是我们的事，你怎么可以指手画脚呢？"

客户单位负责人自知理亏，连忙道歉："不好意思，是我多嘴了，没想到事情会弄成这样。"然而，小黄还是不依不饶："道歉就能解决问题吗？这损失算谁的？"

客户单位负责人见小黄没有缓和的意思，也不高兴了，声音就提高了几分，说："虽然我是说了几句，但我不过是提了个建议，他们是专业人员，怎么没有说明这个建议存在问题呢？"

小黄一听更火了："这么说你是想赖账啊？"客户单位负责人更不高兴了："你怎么说话呢？会不会说话？"

两个人你一言我一语地吵了起来。年轻气盛的小黄自觉占理，最后丢下一句话："我们法庭上见。"就走了。

可没想到的是，回到公司，小黄的上司就把他训斥了一顿："你怎么做事的？啊！你怎么不动动脑子呢？咱们和他们公司，仅仅是一个灯箱的事情吗？啊！我们和人家闹僵了，今后还怎么合作？啊！"

上司说完后，对小黄说："去，给对方赔个不是，争取把损失降到最低！"

小黄非常郁闷，只好硬着头皮去找那家单位的负责人。让小黄意外的是，那单位的负责人也很诚恳地向他认了错，两个人冰释前嫌，商定损失各负担一半。两个人不打不相识，自此成了好朋友，两家公司业务上的往来明显增加了。

事实上，客户单位的负责人并不是一个不通情理的人，只是小黄在气头上，言辞太过激烈，得理不饶人，才使两个人闹得很僵。

小黄在得知对方的多嘴导致灯箱摔碎时，气势汹汹地找对方理论，这使对方很反感；在对方向他道歉后，他仍然不依不饶，结果激化了矛盾，导致两个人起了激烈的争执，最后不欢而散。

如果不是小黄的上司让小黄给对方道歉，两个人别说成为朋友，光是灯箱的问题都解决不了，而且两家公司还可能影响到今后的合作。

去找对方道歉的小黄，不仅与对方成了好朋友，而且两家公司还多了许多业务往来。所以说，和气生财，绝不是一句空话。

在人际交往的过程中，随时都有可能发生矛盾。当矛盾发生的时候，最好能忍住即将爆发的激动情绪，静下心来，与人商量怎么解决问题，这样才能阻止矛盾的激化。千万不要做一点就爆的“火药包”。

想要做好事情，做好生意，搞好人际关系，这份“养气功夫”绝对少不了。和气生财，不是废话。善于控制自己的情绪，尤其是在自己情绪激动的时候，能保持冷静的思考，那样就没有做不成的事情了。

所谓和气生财，不和气不说话。哪怕是表达相反观点的话语，也要做到一团和气。这是中国人的理性和风度。缺乏风度的歇斯底里是绝对不提倡的。像疯狗一样，失去理智，乱叫乱嚷，只会失去别人的支持。

和气是一种理智的说话智慧，也是一种为人处世的原则。它告诉我们，天下之事，没有尽如人意的，一定要用平和的心态去对待。不这样做的话，连一天也过不下去。不懂得和气处世之道，你会觉得四处都是问题，甚至觉得世界上没有一个好人；相反，若你懂得和气的说话之道，那么你与任何人都可以和谐相处。

用平和的心态去对待人和事，和气地说话，不但符合客观的要求，而且别人也会因为你的态度愿意与你相处。这样，不但可以使自己变得受人欢迎，也会让你的事业更快有所成就。

《论语》有云："小不忍则乱大谋。"对人、对事都要有耐心，不能一遇到问题，就想着找别人的麻烦，甚至拆台。为了小事而生气，破坏彼此的合作关系，得不偿失。当冲突或矛盾发生时，暂时退一步，冷静下来，和气地商量解决问题的办法，这才是我们应该做的事情。

维护他人的尊严，不揭人之短

明太祖朱元璋出身贫寒，做过牧童、和尚和乞丐，历经磨难，最终登上了皇帝的宝座。朱元璋富贵了之后，昔日的穷亲戚、穷朋友都来京城投靠他。这些人都以为朱元璋会念在昔日的情分上，给他们个一官半职。谁料到，朱元璋最怕的就是别人知道他的老底，翻他的旧账。因为这些会大大有损他的威信，因此，朱元璋对来访者大都拒而不见。

不过，有位儿时的好友能耐不小，几经周折总算进了皇宫。朱元璋不得不与他见上一面，谁知那位儿时好友一见面，便非常不客气地说："哎呀，朱重八，你当了皇帝可真威风呀！还认得我吗？当年咱俩一块儿光着屁股玩耍，你干了坏事总是我帮你顶着。记得有一次咱俩一块偷豆子吃，你吃得太急，豆子卡在嗓子眼儿，还是我帮你弄出来的。怎么，不记得啦？"

那位老兄喋喋不休，越说越离谱，朱元璋脸色很不好，最后实在忍不住了，大喝一声："住口，你是什么人，敢在这里大放厥词？来人，给我拉出去斩了！"就这样，那人还不知道自己什么地方做错了，就稀里糊涂地丢了性命。

每个人都有不太光彩的过去，或者在身体、性格上存在某些缺陷，而这些就构成了一个人的短处。每个人的短处都是不愿意让别人知道的。如果不加考虑，就随便揭人的短处，就会惹下麻烦，就像朱元璋的儿时朋友那样。因此，说话不要揭人短处。

张小姐是一个办公室文员，性格内向，不太爱说话。可每当就某件事情征求她的意见时，她说出来的话总是很"刺"人，而且她的话总是在揭别人的"短"。有一次，部门的同事穿了件新衣服，别人都称赞说"漂亮""合适"之类的话，可当人家问张小姐感觉如何时，她直接回答说："你身材太胖，不适合。"甚至还说："这颜色你穿有点艳，根本不合适。"

这话一说出口，便搞得当事人很生气，而且周围大赞衣服如何好的人也很尴尬。因为，张小姐说的话有一部分是事实，比如说该同事的体态就是比较臃肿。虽然有时张小姐会为自己说出的话不招人喜欢而后悔，可很多时候，她照样我行我素。

久而久之，同事们都把她排除在集体之外，很少就某件事去征求她的意见。尽管这样，如果偶然需要听听她的意见时，她还是管不住自己，又把别人最不爱听的话给说出来。公司里几乎没有人主动搭理她，张小姐自然明白大家不搭理她的原因。

中国式客套话的内核，就在于发展和谐共赢的社会关系。所以，中国人待人处世，善于发现对方身上的优点，夸奖对方的长处，而不是抓住别人的隐私、痛处和缺点大做文章。

有两个老师，因为都是教语文的，所以有时候喜欢辩论工作上的问题。其中，张老师是一个慢性子，所以说话也是慢条斯理的。在辩论的时候，她常常因为仔细思考，而把自己的观点阐述得十分圆满。

而曹老师却是一个急脾气，说话做事都是火急火燎的，所以在辩论的时候，也只是急着说，思考的时间却很少。所以，辩论的结果常常是张老师获得最后的胜利。这一点让曹老师很是不服气。

有一次，两个人又因为一个学生学习方面的问题开始辩论，曹老师依然改不了急脾气，可是不一会儿，她就词穷了。她又气又急地说："每次说这样的事情我都说不过你，我们干脆不说这个了，我们就说说自己的女儿吧。"

办公室里的很多老师都知道，张老师的女儿因为做过手术留下了后遗症，所以行动有点不便，而张老师平时最忌讳别人说自己的女儿。

曹老师这样做，不过是因为辩论不过张老师而恼羞成怒，当面戳张老师的痛处。有个老师有些看不下去，对曹老师说："我们的女儿都太丑了，没有办法和你的女儿比。"

说话的这个老师有一个漂亮的女儿，大家都知道她这是在讽刺曹老师。曹老师一时很尴尬，只好悻悻地坐下，不再说话。但是，从此以后，曹老师再想找人讨论问题的时候，都没有人愿意和她说话。

每个人都有所长，亦有所短，没有人是完美的。也就是说，每个人都有破绽。当你点破一个人的短处，不仅会使这个人感到难堪，还会使得其他人心寒。其他人会觉得你太过分，甚至会担心有一天你也会这么对待他。这样一来，大家就会对你产生不好的印象。

即使人家不小心得罪了你，你也不能因为想报复他而当着很多人的面揭人之短，伤人自尊！当然，有时候揭短也是无意的，那是因为某事一不小心犯了对方的忌讳。有心也好，无意也罢，在待人处世中揭人之短都会伤害对方的自尊，轻则影响双方的感情，重则导致友谊的破裂。所以，要想与人友好相处，就要尽量体谅他人，维护他人的尊严。

说句“对不起”，化解意气之争

上下班的高峰期，道路上堵满了车辆。一辆汽车里坐着一个男子，他焦急地按了按喇叭，喇叭声惊动了前面的一辆绿色电动车的车主。电动车车主转头看了一眼，没好气地说了一句骂人的话。

汽车车主一听这不客气的话，原本焦急的情绪顿时变成了一腔怒火。他打开车门冲上前去，指着电动车车主：“你怎么说话？懂不懂礼貌？”

电动车车主被汽车车主手指一戳，加上一连串火药味十足的问话，不禁大怒道：“我就爱这么说话，干你什么事啊！”

气氛瞬间变得紧张起来。汽车车主咧嘴瞪眼，威胁着要打电动车车主；电动车车主将车子停靠下来，从后座上抽出锁车的大铁锁链拿在一只手上，另一只手指着汽车车主，说：“有本事你动我试试！”

汽车车主大怒道：“就动你怎么了？我还打你呢！”说着挥起拳头，一拳就打在电动车车主的脸上。电动车车主冷不防被揍，心中那个恨啊，也不管脸上隐隐作痛的伤，回身抡起手中的大锁链就向汽车车主抽了过去……随即二人相互厮打在了一起。

周围有人发现了这里的冲突，纷纷跑过来劝架，好不容易才将二人分开。询问事情的经过，电动车车主说对方乱按喇叭不对，还先动手打人，汽车车主说对方骂人不礼貌，惹人在先。众人议论纷纷，一会儿觉得电动车车主过错在先，一会儿又觉得汽车车主做事不对。眼看事情越闹越僵。

这时，有个老人走了出来说道：“你们都不要争了，这件事情两个人都有过错。乱按喇叭不礼貌，随便骂人不文明，动手打人更不应该，所以你们就相互道个歉，化解这段矛盾吧。怎么样？”

老人的话得到了大家的附和，但两个当事人却不同意，这个说：“我凭什么要道歉啊，是他有错在先，还动手打人！”那个说：“他不骂人，我怎么会动手？应该他先道歉才对！”

老人听了，笑道：“好啊，你们说的都很对，实际上你们道不道歉都无所谓，但是你们就为这么点儿小事互相斗气，搞成现在这副样子，值得吗？现在你们两个人都头破血流，形象全无。”

二人顿时默不作声。老人接着说道：“其实这件事你们只要有谁先说一句‘对不起’，根本就不会发生。你们不认识吧？两个人都是初次见面，远日无怨，近日无仇，一句话就可以化解的矛盾，何必弄成像有深仇大恨一样呢？”

可惜老人的一番话都白讲，两个人都咽不下这口气，放不下面子道歉，最终还是闹到派出所里。

试着多说一句“对不起”“没关系”“谢谢你”，换来的不仅有和谐的关系，还有一份好心情。

许多问题的关键，不在矛盾发生之后的解决办法，而在于矛盾发生之前的处事方法。实际上，如果两个人在之前采取正确的处事方法，便完全可以避免冲突的发生。

如果汽车车主能够考虑到别人的心情，了解到别人也与自己一样焦急，在胡乱按喇叭表达自己的情绪之后，能够向被自己影响的人说一声“对不起”，也许就不会引起后面的矛盾。

如果电动车主听到喇叭声，能够体谅别人的焦急，说一些体谅和安慰的话，或者能够及时地为自己的失言行为说一声“对不起”，也许就不会造成彼此的争端，以至于后来的打斗。

可惜的是，两个人都没有体谅对方的心情，也没有及时地认识到自己的错误，更没有为自己的过失行为而道歉，以至于矛盾升级，冲突顿起，终至大打出手。如果当事人有一个能先说一句“对不起”，何至于闹得不可开交？

一句“对不起”就可以化解的怨气，结果闹到头破血流的地步，只是因为一点儿小事，何其不值得！

不论你做什么事，有的人会受益，而有的人却未必。无论何时何地何事，只要你打扰到别人，都应当道声“对不起”。当你在公共汽车上，不小心踩了别人的脚，要说“对不起”；大家一起吃饭，你要提前离开，应当对大家表示抱歉，说声“对不起”；你比约定时间迟到了，哪怕你有任何充足的理由，也要说声“对不起”；两人迎面而过，即使相距甚远，根本不会碰撞，也应当说声“对不起”等。总之，你让别人不高兴，你就有义务对人说声“对不起”。

有理还要让三分，不仗势欺人

于右任先生是我国著名的书法家，他于20世纪50年代迁居台湾。当地许多商人知道于右任是书法名家后，为了让自己的生意兴隆，这些商人就在自己的公司、店铺或者饭店门口挂起了一幅幅于右任题写的招牌。这其中确实有一些是于右任亲笔题写的，但是多半都是赝品。

有一天，于右任的一个学生满脸愤怒地对他说："老师，中午我去一家小饭馆吃饭的时候，竟然在那里看到了一幅以您的名义题写的招牌。光天化日之下，这些商人竟敢明目张胆地愚弄大众，您说这事儿可气不可气？"

当时正在练习书法的于右任听到学生的话，很是惊讶，他放下毛笔，缓缓地问道："那块招牌上的字写得好不好呢？"余怒未消的学生撇着嘴说："啊呀，不知道是出自谁的手笔，那个难看劲儿，就别提了！"

于右任沉思一会儿，说道："这可不行！我得想办法把它换下来，那么难看，别人看到的话，岂不要耻笑我？"于是他接着问学生："那家饭馆卖的东西有什么特点，铺子的名字叫什么？"

学生回答："那是一家面食馆，羊肉泡馍倒是做得很地道，铺名叫作'羊肉泡馍馆'。"随后，于右任便挥毫泼墨，在一张大大的宣纸上写下龙飞凤舞的几个大字——羊肉泡馍馆，然后在落款处写上"于右任题"，之后盖上印章并吩咐那个学生给那家店的老板送过去。

当那家店的老板得到大书法家于右任的真迹的时候，激动不已，连忙换下原来的招牌，并向来人表示对于右任的歉意，同时还感谢他的慷慨相助。此事过后不久，于右任的名声在业界变得更加响亮了。

实际上，大名鼎鼎的书法家想要指责一家小小的饭馆的老板，是一件很简单的事情，但是于右任先生没有这样做。他不仅没有和伤害自己利益的人争执，反而顺势而为，既解决了问题，又赢得了赞誉，这难道不是一举两得的好事？

凡事不要斤斤计较，这样在得失之间才能求得平衡。当然，得与失相互转化的效果，有时候并不是马上就可以见到的，因此只有那些懂得其中奥妙的人，才会掌握取舍的主动权，让退让发挥出意想不到的效果。

在生意场上也好，在外交场合也好，在个人之间、集团之间和国家之间，有时需要做出让步。而有理还让三分的做法，不仅体现美好的德行，还反映出高超的智慧。

在一家安静的餐厅里，突然响起一阵叫嚷："服务员！服务员！来一下，快来一下！"一位顾客一边高声喊叫，一边指着面前的杯子，脸罩寒霜，说："你们的牛奶是坏的，把红茶都糟蹋了！"

服务员看了一下，连忙笑着说："真对不起！我马上给您换一下。"

新的红茶很快就准备好了，和先前的红茶一模一样。碟子里放着新鲜的柠檬，杯子里盛着牛奶。

服务员把杯碟轻轻地放在那名顾客面前，然后轻声地对他说："先生，您如果放柠檬就不要放牛奶，因为有时柠檬酸会造成牛奶结块。"

那位顾客的脸一下子就红了，他很快喝完了茶，匆匆地离开了餐厅。

旁边有人看到这一幕，笑着问服务员："明明是他不懂，你为什么不直接说他呢？他那样不礼貌地喊叫，你为什么不还以颜色？"

服务员轻轻一笑，说："正是因为他不礼貌，所以我才要用婉转的方式去对待；正因为道理一说就明白，所以我不用大声。"

听了她的话，餐厅的人都点头笑了，对这个餐厅好感大增，同时也对这个服务员印象深刻。而那位原本粗鲁的客人，后来也常常来这个餐厅，但是他从此和颜悦色、轻声细气地与服务员寒暄。

讲理是做事的前提，讲理看似是天经地义的事情，但是，讲理的目的并不是吵架、闹矛盾，也不是争强斗胜，而是赢得支持。一个人要赢得支持，很显然，不能以理压人，而应该以理服人，这样就需要学会忍让。

其实如果能够学会在这些小事上，适当地让人三分，用宽容之心待人，那么许多冲突和矛盾是完全可以化解的。

有理也让三分，不仅可以化解矛盾，还能够让彼此加深理解，增进友谊，对于建立融洽和谐的人际关系起到促进作用。做事要留有余地，不把事情做绝，于情不偏激，于理不过头，得理之时，不妨让人三分。

理不直的人，才常会用气势去压人；理直的人，则应该用和气来交朋友。只要不是原则问题，不妨让着点，妥协一下，这样才能更容易达到目的，获得双赢。

越是有理、越是强势的一方，越要懂得退让之道。这将让人看到你的胸怀和气度。人生在世，不可能一帆风顺，摩擦难免会有，遇到这种情况的时候，如果你总是斤斤计较，不知退让，你的生活肯定会蒙上一层阴影，甚至会让你狼狈不堪。相反，如果你善于退让，以和气待人的话，那么你的人生就不会有过不去的桥。

不要一味争执，冷静下来再说

朱先生是位很有经验的司机，他学历不高，但是口才非常好，他很喜欢和别人辩论，而且，每次他都能在辩论中胜出。

因为他对汽车非常熟悉，后来就做了汽车推销员，但是很长一段时间，他都没有能够卖出去一辆汽车。他十分困惑，不知道自己的问题出在哪里。后来，他去找销售培训师指点自己。

销售培训师观摩了朱先生的推销过程，立刻发现不管是谁，如果说出了不符合朱先生心意的话，他就会毫不犹疑地辩驳。“不可否认的是，你是一个非常出色的辩论家。从你得意的神色就可以看出来，你对自己的口才也是相当满意。但是我想说的是，你有病吗？”培训师说。

朱先生脸上立刻没有了得意，当时就想要发作。培训师挥了挥手，打断了他，然后严肃地对他说：“你以为我说错了吗？你是想要和我辩论吗？但是我告诉你，我不想和你辩论，也没有必要和你辩论。我现在只是想要告诉你，你错了。”

朱先生张嘴想要发言，培训师再次打断他：“你不要说话，现在你要听我说。因为我能告诉你，你的问题出在哪里；因为我能教你，该怎么做才能出单。”

朱先生的脸憋得通红。培训师看着朱先生的眼睛，大声地说：“请问，你为什么要与有意购买汽车的人发生争执并激怒他们呢？请问，这样做，对你有什么好处吗？你赢了辩论，感觉很得意吗？但是，你的业绩却是零！你有什么好得意的！你知不知道，你的目的是说服他们，而不是和他们争吵！”

被销售培训师一顿数落，朱先生无话可说。这个时候，培训师才缓了口气，平心静气地说：“朱先生，你现在是否觉得胸口发闷，非常不爽呢？这就是在辩论中失败后的感受，也就是你的那些客户的感受。你能够体会到吗？如果你能够体会，那么你就应该明白，你最需要学习的不是如何讲话，不是如何表现你的口才和辩论技巧，而是学会保持谦恭，管好自己的嘴巴，不要和任何人发生口角。你想一想，是不是这样？”

讲完道理，销售培训师对朱先生进行了指导。朱先生随即对自己的行为进行了调整和改正，很快，他就出单了。

有些人喜欢抬杠，一搭上话就针锋相对，无论别人说什么，他都要加以反驳。为什么会这样呢？因为他不喜欢听取别人的意见，而且自以为比别人高明，事事要占上风。即使他真的比别人高明，这种态度也是要不得的。说白了，这种人是在说话方面缺乏风度。

许多人因为喜欢表达不同意见，得罪了不少朋友，有些人总是坚持让别人同意自己的观点，这是没有风度的表现。这种人总是把自己的意见当成绝对正确的，而把别人的意见当成愚蠢幼稚的，其结果只能是出口伤人。只有将对方置于同一个平台交谈，显出谦虚的风度，才能获得人心。

仔细去观察一下生活中的人和事吧，你会发现，那些每次跟女朋友吵架都能赢的人往往不会有长久的恋情。为什么？吵赢了对方，不代表你真的说服了对方。若你足够明智，就不要与人发生争吵。

下面是几个小技巧，希望能够帮助你走出争论陷阱。

1.“我又陷入争论了吗？”时常留意自己的状态和与他人谈话时的气氛，经常问自己：“我又陷入争论了吗？”及早察觉到即将或已经陷入争论，是从争论的泥潭中出来的拐点。

2.“这件事重要吗？”一旦察觉到正在争论或有争论的倾向，自问：“这件事重要吗？”夫妻之间，绝大多数争论都是鸡毛蒜皮的小事，不要缠绕在争论里，使得吃一顿饭都吃得不愉快，或破坏一个良宵。

3.“我一定要现在说服对方吗？”如果谈话的气氛不愉快，是很难靠争论或争吵说服别人的。即使是重要的事，也不一定要现在说服对方。如果争论起来气氛不愉快了，不妨先搁下来，问自己：“我一定要现在说服对方吗？”反思片刻，等彼此心情好的时候换一种方式再商量。

4.“我一定要说服对方吗？”双方是否可以各持己见呢？别人是否可以不按照自己的想法去做呢？如果一定要别人按照自己的看法去做，否则就恼怒不止，那就是“控制狂”，这样的人通常处理不好人际关系。建议这样的人常反思“我一定要说服对方吗”这个问题。

5.“没有对错，只有和气。”其实，现实生活中的很多事往往都没有对错之分。但是很多人，特别是夫妻，却往往为了对错争论不休，结果闹出大矛盾，破坏了双方的感情。当你情绪激动，想要和对方一争高低时，不妨想想这句话：没有对错，只有和气。

如果你能够善解人意，善于站在别人的位置上考虑问题，那么很多不必要的冲突与争执就可以避免了。天下只有一种方法能得到争论的最大利益，那就是避免争执。如果你争强好胜，总是与人争执不休，或许有时能获得胜利，然而，这种胜利是空洞的，因为你永远得不到对方的好感。记住，不但不要争论，而且不要试图强迫他人接受你的观点。

刚柔相济，让人不再小看你

展先生到新单位才一个多月，他却觉得特别累、特别烦，让他产生这种感觉的就是公司里的财务主管陈哥。陈哥是老总的亲戚，在公司里挺有地位，不知为什么，他对展先生没有好脸色，还在背后说展先生的坏话。

展先生特别无奈，他是新来的员工，为了工作的开展，他自然很想改善自己同这个财务主管的关系，可是每次自己的善意都打了水漂。那陈哥根本就不理睬他的示好，他也就不想再讨没趣了。

这天，财务室通知展先生去领出差报销费用。展先生接过钱一看，只有七百元，还少了六百多元，就拿着钱去找陈哥。

陈哥冷着脸说："发票上就这些，你还想要多少？"说着把展先生的出差发票摔了过来。展先生一查发现少了一张住宿发票。可陈哥却说："你给我的就这些，谁知道你把发票弄到哪儿去了？"

展先生明白了，这一定是陈哥在搞鬼，他忍住一口气，平静地说："发票交上去的时候，我是编了号的，我用铅笔在发票背面标好了，当时同事小王、小赵都在场，但现在发票却少了。我要去找老总，如果老总也说责任在我，那我自认倒霉！"

陈哥这下傻了眼，也不说话了。展先生趁机又说："陈哥，其实我也不想把小事闹大，闹到老总那儿不好，你说是不是？我想会不会是会计把发票弄丢了，最近事情这么多，你也不可能都照顾到，要不你再找找！"

陈哥连忙点头。下午的时候，陈哥亲自把钱给了展先生，后来再也没找过展先生的麻烦。展先生是一个很聪明的人，完全掌握了刚柔相济的谋略，结果大获成功。

现实生活中，每个人都可能遇到这种事，这时候你就要学习展先生那种刚柔相济的策略。

采用刚柔相济的手段，一方面可以体现你的友善和通情达理，安抚他人的情绪，避免激化矛盾，造成激烈的冲突；另一方面又能显示出你的威严和力量，催逼对方，达成自己的目的。这种进退自如的手段，自古以来便常被人们所用。

还有一种绵里藏针的说话术，同样具有刚柔相济的特点。绵里藏针，就好像棉花表面看上去很柔软、很舒服，但当你以为可以随便倚靠的时候，它就刺你一下。这么一刺，既可以是善意的提醒，也可以是狠狠的教训。只不过，一切都在暗地里进行，表面上彼此关系并没有剧烈的冲突。

事实上，有些话是不宜说出或不宜直接说出来的，如果说得太露骨、太直白，就会有失分寸，不但让人难以接受，甚至会引起不良后果。采取绵里藏针的技巧，有利于维持和谐的人际关系。

说话一味温柔，久而久之，很容易被人误以为软弱；说话一味强硬，则容易引起冲突。而刚柔相济、软硬兼施的说话方式，则可以避免偏激之害而得其利，这样既可以保持和谐关系，又能震慑对方，让对方投鼠忌器。

心胸豁达，要有容人之量

北宋名相韩琦，器量过人，生性淳朴厚道，不计较鸡毛蒜皮的小事。功劳天下无人能比，官位升到臣子的顶端，不见他沾沾自喜；不被重用时，就回家享受天伦之乐。不管在什么情况下，他都能做到泰然处之，不被别的事物左右。

他在定武统帅部队时，经常在夜间伏案办公，这个时候通常是有一名侍卫举着蜡烛为他照明。

有一次，那个侍卫一不小心走神了，烛火烧了韩琦的鬓角，但是，韩琦没说什么，只是急忙用袖子蹭了蹭，又低头办公。

过了一会儿他停下歇息时，发现举蜡烛的侍卫换人了。韩琦担心原来那个举蜡烛的侍卫受到责罚，就赶快把侍卫长官喊来，告诉他说："不要替换刚才那个侍卫，因为他已经懂得怎样拿蜡烛了。"

后来，军中的将士们知道此事，无不感动。因为侍卫举着蜡烛照明时没有全神贯注，把统帅的头发烧了，本身就是失职，但是韩琦连一句责备也没有，不但忍着疼，还怕侍卫受到鞭打责罚，极力替其开脱。

他这种容忍比批评和责罚更能让士兵改正缺点、尽职尽责，而且韩琦有这样的容人度量，士兵们谁不愿意为这样平易近人的统帅卖命呢？

韩琦镇守大名府时，有人献给他两只玉杯，这两只玉杯里外都毫无瑕疵，是稀世珍宝。韩琦非常喜欢这两只玉杯，每次大宴宾客时，总要命人专设一桌，在桌子上铺上锦缎，将那两只玉杯放在上面使用。

有一次在劝酒时，有一个官吏不小心把玉杯碰到地上，玉杯摔了个粉碎。

在座的官员惊呆了，碰坏玉杯的官吏也吓坏了，他连忙趴在地上，请求韩琦治罪。

可是韩琦笑着对在座的宾客说："大凡宝物，是成是毁，都有一定的时数，该好的时候就好，该坏时谁也保不住。"

说着，又对趴在地上的官吏说："你只是失手罢了，又不是故意的，我要治你什么罪呢？"

玉杯已经打碎，再怎样修补也不能复原，即使把那个打碎玉杯的官吏责骂、痛打一番，也只是徒劳。那样不但会使众位宾客十分尴尬，也会使那个官吏心生芥蒂，好端端的一场聚会便不欢而散。

韩琦说出这样大气的一番话，立刻博得了众人的赞叹，而那个做错事的官吏对他更是感激。

有句名言："宽容是在荆棘丛中长出来的谷粒。"能退一步，天地自然宽。在单位与同事相处时，也要用宽容的态度。领导的批评要虚心地接受，同事之间的小摩擦要学会遗忘，胸怀大一点，前途也宽一点。

小董是名牌大学毕业生，人很文静。她在一家事业单位工作，单位里要写很多材料，她毕竟刚来，公文写作还不很熟，于是每次写好后，她都要给同事老王看，待老王修改完，她再拿去请科长审查。

很快，小董的材料越写越好，老王已经没有什么可以修改的了，可科长仍旧东涂西抹，不留情面。小董没说什么，依然是很谦和地请科长批改。老王愤愤不平，他认为科长的水平修改不了小董的文章了。

老王以讽刺的口吻说："他现在是科长，也只能够修改科员的文章。"小董只是笑，一点儿也不介意。有时老王说重了，她也只是说："不就是改材料嘛，又不是修改我的人生。"

由于小董的谦虚勤奋与豁达，科长很赏识她，把她推荐给上级宣传部门。有一次，上级要求科里写一个大材料，材料组织好后，科长让人先送到宣传部门，说是请上级把关。

两天后，小董把材料修改好，科长再把这个材料呈报，结果得到了上级的好评。科长很满意，说："小董还真行，我没有看错人。"

小董请大家吃饭，老王私下里对小董说："你应该让科长请你吃饭才对，那文章是你写得好。"

小董说："那怎么行，我会写材料本来就是你们教的，我得感谢你们才对。"老王又说："这回科长再也不敢乱改你写的材料了吧？"

小董笑道："没有科长指点，我的进步也不会这么快。"老王回去后，想起小董的话，又想到自己，感到很惭愧。

如果在工作中谦虚宽容，有气量，不斤斤计较，那么，同事之间就能化干戈为玉帛，多一些宽容和理解，相互间的关系也就会融洽很多。

世界由矛盾组成，任何人或事情都不会尽善尽美。无论是"患难之交""亲朋好友"，还是"模范丈夫"，都是相对而言。不必羡慕别人，不要苛求自己，常用宽容的眼光看世界，友谊、事业和家庭才能稳固、长久。

宽容是忍耐，丈夫的臭脚，妻子的脏头发，婆媳之间的矛盾，都要我们用宽容的眼光看，用忍耐的态度来对待。宽容是谅解，有人伤害过你，也不要记恨，多一分宽恕就多一分理解，隔阂由此可以化解。只要心胸豁达，就会获得好人缘，有容乃大，自然也就多了成功的机会。

多把别人挂嘴边，少标榜自己

小王刚到公司不久就做出了大成绩，被升为项目组长。同事小兰很是赞叹：“小王，你真是太强了，这就升职了！”

“小意思啦，那个项目本来就简单。再说，你也不看看我是谁，我可是名牌大学毕业的高才生，没两把刷子还怎么混呢？”小王扬扬得意道。

小兰连忙点头称是。

后来，小兰跟同事小林说：“小王的组长干不长，小组肯定没人会听他的，更没人会喜欢他。”

小林不相信。但不久之后，小林就惊奇了，对小兰说：“你真神啊，都被你说对了，他们小组的组员有的去了别的组，有的居然离职了。现在他几乎成了光杆司令。你是怎么看出来的呢？”

小兰笑了笑：“他说话太狂了，恃才自傲、目中无人，成为光杆司令是必然的结果。”

有些人被虚荣心或荣誉心所驱使，总是在人前人后吹嘘自我。如果每天他人见到的都是你在述说自己的丰功伟绩，久而久之，朋友就会离你越来越远。做人要谦虚，即便自己有能耐，也不能忘记他人对你工作的支持。总是强调自己有多么了不起的人，又怎么可能受到别人的欢迎呢？

有的人不仅自高自大，还喜欢打压别人。要是觉得人家不如自己，就拼命地贬低，把人家说得一无是处，试图显示自己的本事和贡献。这样的做法是最不得人心的。若能待人客气一些，则能够避免许多不必要的麻烦。

老刘是一家建筑公司的机械工程师，因为有很多年的实践经验，所以老刘的技术在公司里是数一数二的。最近，公司新来了一个比老刘年纪小的工程师，虽然工作的时间没有老刘的长，但是技术却不在老刘之下，这让老刘心生嫉妒。

有一次，公司接到了一项大工程，在工程施工的过程中，机械出了一点故障，老刘弄了很久也没有将故障排除，但是新来的工程师一小会儿就把故障排除了。大家纷纷称赞这个新来的工程师，老刘站在一边感到很难堪。

新来的工程师却握住老刘的手，谦逊地说："不要夸我了，是刘师傅把前面的很多问题都解决了，才让我这么快就弄好了这台机器。如果不是刘师傅做好了这些事情，我还不知道要花多长时间才能把这个故障排除呢。"

老刘听到这样的话，顿时觉得舒服多了，笑道："哪里，哪里，还是你的技术高明，解决了最关键的问题。"

新来的工程师的说法，既没有伤害老刘的面子，也没有抬高自己的功劳，这样做不但维护了老刘的尊严，也使得老刘放下了心中的怨念，同时，还让人感受到了一种胸襟和气度。

少标榜自己，多把别人挂在嘴边，是一种谦虚、有涵养的表现。不仅如此，我们还应该尽量抬高别人的地位，这样做对于我们自己而言，是没有坏处的。

哪怕是在做自我介绍的时候，也别只顾着说自己的信息，此时若能够对他人致以问候，会让你的自我介绍更加吸引人。

有些人才学、相貌、家庭等都十分出众，令人羡慕。他们在与人相处的时候，常常不看场合，大露锋芒，表现自己，言谈之中处处流露出一种优越感。这样会给对方留下居高临下的印象。甚至误以为他有意炫耀抬高自己，因为对方的自尊心受到严重挫伤，对他也会敬而远之。不论什么时候，与人相处都要站在对方的立场考虑，控制情绪，保持理智平衡、态度谦逊、虚怀若谷，让人感受到尊重和平等。

第八章

拥有卓越口才，条理清晰让你无懈可击

表达含糊其辞，表意模棱两可会造成误会

说话含糊其辞，表达模棱两可，容易给人造成误会，或者别人会以为你在给他某种暗示，从而对你提出一些无礼的要求。这个时候我们就要及时澄清事实，声明自己的立场，让事情朝好的方向发展下去。

与人交谈时应该注意，答话时千万别含糊不清，否则很容易产生误会，万一你无法自圆其说，必定陷入窘境，任何说话技巧都无济于事。所以，说话要把握主旨和逻辑，要说得精准严密，以免言谈有所闪失，授人以柄，甚至作茧自缚。这是避免错误、摆脱窘境的根本方法。

假如朋友或同事在公开场合责备你，而情况与事实又有出入，这肯定使你难堪。

这时，你该怎么办呢？你可以心平气和地直言："我们是否私下谈谈？我想请你调查清楚了再说话。不然，我以后很难和你相处。"

倘若亲友无缘无故责备你，你也应该明确地跟他说："你让我十分难堪，请你告诉我这是为什么？我哪里得罪你了？"当然，假使是你自己做错了事，哪怕是无意的，也要诚恳道歉。明辨事理、直言不讳，这才是摆脱窘境的最佳方法。

适当地运用语句，是先从心中的酝酿开始的。当然，除了思想观点正确、思维严密有序外，首先要正确理解语句的含义。

但是，有时你本身使用的语句是正确的，也可能造成误解。这是因为，其一是你可能出现"口误"，由于环境的干扰、精力的分散，会造成这样想那样说的情况。

其二是倾听的一方由于理解上出了问题，没能正确领会你的含义，因而出现语言误会。

当出现上述情况时，请不要在咬文嚼字上兜圈子，说者和听者都要抱着宽容的态度，重新再交流一次，遇到重要问题，听者还应把说者的话重复一遍，以检验是否有错误的理解。

环环相扣，表达无懈可击

万事万物之间都有一环扣一环的复杂的条件联系。在交谈场合，特别是在论辩场合中，利用这种连环的条件联系，深入地揭示事物之间的必然内在联系，将前后论辩过程密切地串联在一起，使自己的论辩言辞具有严密的逻辑性与雄辩的说服力。擅长运用连锁紧扣方法，能极大地表现一个人的语言表达才智。

有一次，一个英国记者对周恩来说："一个国家向外扩张是由于人口过多。"

周恩来马上反驳道："我不赞同这种看法，英国的人口在第一次大战前是4500万，不算太多。但是，英国在一个很长的时期内曾经是'日不落'的殖民帝国。美国的面积略小于中国。而美国的人口还不及中国的1／3，但是美国的军事基地遍布全球，美国的海外驻军150万。中国人口虽多，但是没有一兵一卒驻在外国的领土上，更没有在外国建立军事基地。可见一个国家是否向外扩张，并不决定于它的人口多少，而决定于它的社会制度。"

面对周恩来的驳论，那位英国记者只好放弃自己的观点。

连锁紧扣有两种表现形式：一是连锁分离式，即以一系列的环环相扣的条件命题为前提，通过肯定第一个条件命题的条件而得出肯定后一个条件命题结论的论辩形式；二是连锁拒取式，即以一系列的环环相扣的条件命题为前提，通过否定后一个条件命题结论而得出否定第一个条件命题的论辩方式。

汉朝时，黄霸为颍川郡的郡守，他刚到任，就有两个妇女为争夺一个小男孩吵着到官府告状来了。黄霸派人抱了那个孩子放在坪院中间，对两个妇女说："你们抢吧，谁抢着这个孩子，他就归谁。"

那两个妇女都没命地扑向孩子，一个抱着孩子的腰，一个抱着孩子的腿，果真抢了起来。孩子哪受得了这番折腾呢？于是就哇哇大哭起来。孩子一哭，一个妇女就松了手，也跟着哭了起来。

黄霸指着夺到孩子的妇女说："这孩子不是你的，你怎么赖人家的孩子？"她却分辩说："你明明说谁抢到了孩子，孩子就是谁的，我抢到了孩子，怎么又说不是我的呢？"

黄霸厉声喝道："如果这孩子真是你的，你是孩子的母亲，你就会心疼孩子；如果你心疼孩子，你就会怕孩子受伤；如果你怕孩子受伤，你就不会咬牙切齿地抢孩子而不撒手。现在你死命地抢抱孩子，可见这孩子不是你的！"

黄霸在与这一妇女的论辩中，使用了连锁拒取式，通过否定最后一个条件命题的结论"你死命地抢抱孩子"，得出否定第一个条件命题的结论："这孩子不是你的。"黄霸的论辩有着不容置疑的说服力。我们在说服他人的过程中，要懂得借鉴和运用这种方法。

批评他人要有事实依据，不能随便发脾气

遇到不如意的事情就勃然大怒，只不过是宣泄自己的不满情绪，绝不会帮助自己解决问题，或是走出困境。

某企业的一个市场调查科长，因为提供了错误的市场信息而造成了企业的重大损失。犯了这样严重的错误，毫无疑问，企业总经理可以不问理由地对他进行斥责，甚至撤职。但是。这位怒上心头的总经理，还是忍了忍，他想先了解一下：到底是这位科长本身不称职而听信了错误信息呢，还是由于不可预料的原因导致的？

于是，这位经理压下了心中的怒火，心平气和地把科长叫来，叫他把为什么判断失误的原因写一个报告交上来。事情就这样拖了一段时间，几个月之后，这家公司因为这位市场调查科长提供的信息极为准确而饱赚了一笔。总经理又叫人把那个科长请来，说："你上次的报告我看了，你们的工作做得不太细致，有一定责任，但主要是不可预测的意外原因造成的，因此公司决定免除对你的处罚，你也就不要把它再放在心上，以后吸取教训就行了。这一次，你做得不错，为公司提供了重要信息，我们仍然要表扬你。"说完，总经理从办公桌里拿出一个红包递给他，这个科长接过来时，不禁眼眶泛红。

千万不能随便发脾气，在指责别人之前，一定要把情况了解清楚：这个错误是不是他犯的，是由于主观原因，还是客观原因，等等。如果你一看到出了问题，就不管三七二十一对对方痛加指责，他真错了，也许就默认了；但如果不是他的错，肯定会对你满肚子意见，虽然口头上不说，心里一定怨恨："你怎么连情况都不问清楚，就随便指责人呢？真差劲！"

要牢记一句话："没有调查就没有发言权。"遇到问题时，别忙着发怒和批评人，先了解情况。这样主动权就掌握在你的手里，你想在什么时候、采取什么方式对他进行批评，完全由你决定。

凡事先调查清楚再作结论，说服也是如此。没有人会凭空去说服谁，也不会不分青红皂白地与人争论、辩解，凡是有说服他人能力的一方，必定是做好了调查和了解的准备的。只有事先了解对方，才能够知道选择什么样的说服方法。

理由是说服人的关键，有一个强大的理由会让说服变得轻松

多年以前，拿破仑·希尔曾应邀向俄亥俄州立监狱的服刑人发表演说。他一站上讲台，立刻看到眼前的听众之中有一位是他在十年前就已认识的朋友——D先生，D先生此前是一位成功的商人。

拿破仑演讲完毕后，和D先生见了面，谈了谈，发现他因为伪造文书而被判20年徒刑。听完他的故事之后，拿破仑说："我要在60天之内。使你离开这里。"

D先生脸上露出苦笑，回答说："希尔，我很佩服你的精神，但对你的判断力却深感怀疑。你可知道，至少已有20位具有影响力的人士曾经运用他们所知的各种方法，想使我获得释放。但一直没有成功。这是办不到的事。"

大概就是因为他最后的那句话——"这是办不到的事"——向拿破仑提出了挑战，他决定向D先生证明，这是可以办得到的。拿破仑回到纽约市，请求他的妻子收拾好行李，准备在哥伦布市（俄亥俄州立监狱所在地）停留一段时间。

拿破仑的脑海中有一个"明确的目标"，这个目标就是要把D先生弄出俄亥俄州立监狱。他从来不曾怀疑能否使D先生获释。他和妻子来到哥伦布市，买了一处高级住宅，像要永久性住下去一样。

第二天，拿破仑前去拜访俄亥俄州州长，向他表明了此行的目的。拿破仑是这样说的："州长先生，我这次是来请求你下令把D先生从俄亥俄州立监狱中释放出来。我有充分的理由，请求你释放他。

"我希望你立刻给他自由，为此我准备留在这儿，等待他获得释放，不管要等待多久。

“在服刑的期间，D 先生已经在俄亥俄州立监狱中推出一套函授课程，你当然也知道这件事。他已经影响了俄亥俄州立监狱 2518 名囚犯中的 1728 人，促使他们都参加了这个函授课程。他还设法请求获得足够的教科书及课程资料，使得这些囚犯能够跟得上功课。难得的是，他这样做并未花费州政府的一分钱。监狱的典狱长及管理员告诉我，他一直很小心地遵守监狱的规定。一个能够影响 1700 多名囚犯努力学习的人，绝对不会是个坏家伙。

“我来此请求你释放 D 先生，我希望你能指派他担任一所监狱学校的校长，这将使得美国其余监狱的 16 万名囚犯获得向善学习的良好机会。

“我准备担负起他出狱后的全部责任。这就是我的要求，但是，在您给我回答之前，我希望您知道，我并不是不明白，如果您将他释放，而您又决定竞选连任的话，这可能会使您失去很多选票。”

俄亥俄州州长维克·杜纳海先生紧握住拳头，宽广的下巴显示出坚定的毅力。他说：“如果这就是你对 D 先生的请求，我将把他释放，即使这样做会使我损失 5000 张选票，也在所不惜……”

这项说服工作就此轻易完成了，而整个过程费时竟然不超过 5 分钟。三天以后，州长签署了赦免状，D 先生走出监狱的大铁门，他再度恢复了自由之身。

拿破仑之所以能够成功地说服州长，和他的周密考虑和精心安排是分不开的。拿破仑事前了解到，D 先生在狱中行为良好，对 1728 名囚犯提供了良好的服务。当他创办了世界上第一所监狱函授学校时，也为自己打造了一把打开监狱大门的钥匙。那么其他请求保释 D 先生的人，为何无法获得成功呢？主要是因为他们不是告诉州长 D 先生的父母是著名的大人物，就是说他是大学毕业生，而且也不是什么坏人……他们未能提供充分的动机，使州长觉得自己有充分的理由去签署赦免状。

拿破仑在见州长之前，先把所有的事实研究了一遍，并想象如果自己是州长本人，什么样的说辞才最能打动他。拿破仑是以全美国各监狱内的 16 万名男女囚犯的名义，请求释放 D 先生的，因为这些囚犯可以享受到 D 先生所创办的函授学校的利益。他绝口不提 D 先生有声名显赫的父母，也不提自己以前和 D 先生的友谊，更不提 D 先生是值得我们帮助的人所有这些可被用来作为请求保释他的理由，因为和下面这个更大、更有意义的理由比较起来，其他理由显得没有太大的意义。这个更大、更有意义的理由就是，他的获释将对另外的 16 万名囚犯有很大的帮助，将使这些囚犯享受到他所创办的这个函授学校的好处。因此，拿破仑靠着这个最大最关键的理由获得了成功。

理由是说服人的关键，也是根本，因此，我们在说服别人的过程中最具有说服力的方法，就是强调一个最大最关键的理由。

用事实说话，更容易说服对方放弃错误观点

别人犯了错误，由于直接牵涉到个人利益的得失，因此会找出一些客观原因为自己辩解，此时如果直接反驳对方，很可能会伤害对方的面子，刺激起他的逆反心理。因此，你最好控制住自己的情绪，心平气和地回到事件本身上去，寻找对方错误所在的确凿依据，用事实说话，让他自己去决定是继续狡辩还是承认错误，这样对方在面子上就好过多了。

某中学中午开饭时，一个学生端着一饭盒刚买到手的菜来找司务长反映：菜没有炒熟。司务长经过鉴定，证实了学生的话，于是就和这位学生带着那盒没熟的菜去找炒菜的刘师傅。

刘师傅没等司务长把话说完就来了火气："煤不好，火头上不来，炒的菜又多，就是神仙来也没得办法！"

作为司务长明明知道学校烧的煤是没有问题的，平常这位师傅炒的菜也是没有问题的，这次完全是因为他的责任心不强造成的。但他没有急于接着他的话反驳他，而是问站在一旁的炒菜的王师傅："你今天炒菜烧的什么煤？"

王师傅回答："院子里的那堆煤。"

司务长问道："噢，那你今天炒了多少菜啊？"

王师傅回答："和刘师傅炒的一样多。"

司务长告诉王师傅："嗯，把你炒的菜打点儿给我看看。"

司务长尝了后又交给那个学生尝，都说熟了。

这时司务长才转过头来问刘师傅："你看，到底是因为煤不行，还是炒的菜太多啊？要不要让我再用相同的煤和相同的菜试验一遍呀？"

在这样雄辩的事实面前，刘师傅开头的那种神气已经没有了，连忙答应把那些没卖完的不熟的菜端去重炒。后来，连司务长宣布按规定扣他的奖金，他都没吭一声。

在这里，面对刘师傅推卸责任的自我辩解，司务长并没有直接把自己内心的想法说出来驳斥对方，而是从另一位炒菜师傅那里寻找证明刘师傅错误的事实依据，然后心平气和地把这些事实摆在刘师傅面前，这样，刘师傅自然无话可说，并自觉地改正错误、接受处罚了。

俗话说："事实胜于雄辩。"当对方对你的辩论提出质疑或不服时，不妨列举一两个事实作为例证，用事实说话，对方自然理屈词穷。

实物表达，无声胜有声

最容易引人注意，加深对方的印象，并使人不会忘记的，莫过于将实物展现在人的面前。无论我们是在提议或是在劝告，让事实说话总是能打动他人最简单的办法。

米切尔本是每周领 10 美元薪水的办事员，后来却成了美国最大的一家银行的董事长。

当他还是一家证券公司的主任时，常常有证券销售人员跑到他的办公室，抱怨没有人买证券。每当发生这种事时，他从来不争辩，只是说："把你的帽子戴上，我们一起出去吃点什么。"

于是，他就借机会领着抱怨的人登上一座高耸的建筑，站在窗口往下看。

米切尔说："仔细地看下去，那里有 600 万居民，他们的总收入有几十个亿。他们正等着有人到那里去告诉他们如何才能最好地利用他们的积蓄，好好看看吧。"

用这种方法，销售人员几乎无一例外地重新打起了精神。

米切尔的成功说服在于，他不只是用语言来鼓励那些意志消沉的销售人员，而是把事物都摆在他们面前，让他们用自己的耳朵听，用眼睛看，去分析事实的真相。

"建筑之王"希尔也曾用这一招成就了自己非凡的事业：当年，希尔在承包已经破产的圣保罗城至太平洋沿岸的铁路公司时，急需大银行家斯蒂芬的支持。

由于要将修筑的铁路延伸到广袤偏僻的草原上，斯蒂芬觉得，这样荒凉的地方根本就没有办法运营铁路，他一点兴趣也没有。希尔费劲了唇舌，他也始终不肯答应提供银行的贷款。

直到有一天，希尔将斯蒂芬拉上了一辆通往西部的火车，在终点站停下时，斯蒂芬改变了想法。

原来，火车终点站的四周聚集了很多人，由于火车行到这里就结束了，各种运输车辆把小路挤得满满的。

看到这么多的人，斯蒂芬兴奋起来，他可以想象出一幅到这里大移民的情景了。突然，他变得非常友好，而且主动提出要与希尔合作了。

我们注意到，当一种观念进入人心很长时间，外人是很难用话语将它改变的。这时，要想改变一个人对一件事的偏见，就要找到与他观念相悖的事实，自然而然地引入这个事实，并在时机成熟时阐释它，发挥它，使之真正成为你的有力证据。

某集团总裁钱先生约见新技术总监方女士时，了解到她的顾虑：方女士刚从国外回来，因为自己没有背景，又是年轻女性，担心受到歧视。为了打消方女士的顾虑，钱先生请了三个人作陪，一位是经理张小姐，一位是宣传部庄女士，另一位是自己太太的侄女。为什么请这三个人呢？因为她们都是从国外留学回来的。钱先生先介绍三位陪客，然后讲了公司的制度，讲男女员工的平等地位，女员工不会受到歧视。如果没有三位女士在场，以事实作证，方女士未必会相信钱先生，未必会去除偏见，打消顾虑。

总之，要想赢得他人的注意，获得他人的信任，最简单的方法就是把实物摆在他人面前。对于普通人来说，眼见为实最能让人信服。在说服的过程中尽量提供一些实物，聪明人常用这种方法。

晓之以理，动之以情是处理争论最有效的办法

一次，当一个旅游团风尘仆仆地赶到事先预定的旅馆时，却被告知套房的浴室没有热水供应。领队找来旅馆经理说："对不起，这么晚还把您从家里请来。但大家满身是汗，不洗洗澡怎么行呢？何况我们预定时说好供应热水的呀！这事只有请您来解决了。"

经理说："这事我也没有办法。锅炉工回家去了，他忘了放水，我已叫他们开了集体浴室，你们可以去洗。"

"我们的确可以到集体浴室去洗澡，不过，套房一人 50 元一晚是有单独浴室的，现在到集体浴室洗澡，那就等于降低到统铺水平，我们只能照统铺标准，按一人 15 元付费。"

"那可不行！"

"那就请你给我们的套房浴室供应热水。"

在领队的据理力争之下，自知理亏的经理只好叫来锅炉工，为他们供应了热水。

有时候，双方的矛盾处在僵化阶段，双方在心理上对对方已树起了一道严密、对立的屏障，直言劝解不仅不能达到解决矛盾的目的，反而容易激起当事人的逆反心理，使矛盾更加激化。这时，你最好结合双方过去的友谊、情感和亲密的状况，以回忆往事的方法唤起对方对往日情谊的感怀，从而感化对方，使他们在惭愧、不安与反思中化解矛盾。

有两位同胞兄弟因遗产问题发生了纠纷，他们便把外地的大姐请回来做裁判，

以求得财产的合理分配。大姐到达的当晚，亲自下厨为两位弟弟做饭。在饭桌上她见兄弟两个互不理睬，便叹了口气说："哎，如今经济条件好了，办一桌饭也不费力了。想你们小时候连鸡蛋也吃不上呢！有次见别人家的孩子吃鸡蛋，你俩就吵着也要吃。我没法子，就煮了一个洋山芋骗你们说是洋鸡蛋。你俩高兴得直拍手，一个说，弟弟你先来一口；一个说，哥哥你先来一口……"说着说着，大姐眼圈红了。两位弟弟的心弦被触动了，都不好意思起来，接下来再进行遗产分配自然就容易了。

大姐是聪明的，她明白就事论事可能会使两人觉得不公平，于是便用回忆往事的方法，对其进行"润物无声"的感化，勾起了兄弟间的亲情，两人自然不会再在财产上斤斤计较了。

以理服人，以情感人，是处理争论和说服他人最有效的沟通方式。没有人愿意胡搅蛮缠、无理取闹，讲道理的过程再配合情感攻心术，便可以征服不易被说服的心。

明确的数字资料，具有强大的表达力和说服力

数字可能是最简单，也可能是最深奥的。数字拥有最非凡的说服能力，不容忽视，它能给人一种真实、具体的感觉，让对方在脑海里形成清晰的图像，特别是使用对比性数字的时候，这个效果会比单纯地罗列数字更为明显。

在你的交流、沟通、演讲以及说服过程中，如果你能巧妙地运用数字，将取得事半功倍的效果。

1922 年，来自纽约的一位女国会议员贝拉·伯朱格进行了一次演讲，呼吁在政治生活中给予妇女以平等的地位。

她说："几个星期前，我在国会倾听总统向全国发表讲话。在我周围落座的有 700 多人。我听到总统说：'这里云集了美国政府的全体成员和内阁成员。'我环视四周，在 700 多名政府要员中，只有 12 员是女性；在 435 名众议员中只有 11 人是女性；内阁人员中没有女性；最高法院中也没有女性。"

她列举的这些具有鲜明对比的数据说明了她的观点。无论你是否赞成她的观点，在这些确凿的数字面前，你都不得不承认在这个国家的政治生活中确实存在着严重的性别歧视问题。

这就是数字的力量。它意味着铁一般的事实，比任何苦口婆心的劝说更有说服力。

这些具体化了的危害结果，比任何笼统的说辞更能激起你对这件事情的关注吧！因此，无论在哪种说服场合下，都要恰当地穿插一些数据。

下面是某一个重点高中的招生启事，我们看看它是否具有说服力。

本校是省立重点中学，师资力量雄厚，校风严谨、务实，校园环境幽雅，是您理想的选择。今年计划招生 200 人，要求……

当看到这则招生简章的时候，你去注意那些什么重点、务实之类的东西吗？你当时或者随便把它丢在一边，或者只是简单浏览一下具体要求是什么，但无论你是怎么做的，都不会激发你想进该校的强烈愿望吧。

那么再看下面的这则招生简章：

本校高中毕业班今年考上重点大学 458 人（其中升入清华大学 52 人、北京大学 97 人），考上专科学校 321 人，升学率达到 92%……本校有资深教师 278 人，其中 152 人获得全国优秀教师称号；本校拥有全国最先进的教学实验室和多媒体教学设备……进入本校就等于一只脚迈进了清华北大的校门。你做好准备了吗？

看到这则招生简章的时候，你还会无动于衷吗？你是否在想：或许，3 年后，我就是这 52 人中的一员，即使不是那么顺利的话，我至少也会是 97 人中的一员吧。

显然，第二份招生简章更具有说服力。这就是数字的说服力量。

具体的数字最有说服力，愈是明确的数字资料，愈能给人信任感，愈能增强表达力和说服力。

讲话注重逻辑，
谨慎周密的组织语言把话说得天衣无缝

说话表达在人际交往中并非小事。有的人说话缺少推敲、漏洞百出，让人一问其中的问题便会哑口无言，如果被对方抓住了语言破绽，更是尴尬万分。所以，语言不严谨，表达不周密，就会给人一种不诚实、胡编乱造或者敷衍的印象。

“道德”说起来是一个让人难以亲近的概念，僵硬而刻板，但在现实生活中我们又不可避免地和道德发生着各种各样的关系。工作要讲职业道德，公共场合要讲公共道德，商业生活有商业道德。总之，各式各样的道德规范着我们的日常生活。人与人的语言交流——表达也有自己的道德原则。

首先，与人交谈要诚恳、信实，不虚美。

唐代的古文运动，主张要根除前朝文风中的浮华矫饰，提倡作文要言之有物，有真情实感。这虽然是千年以前的老夫子讲怎么写作，但作为对于讲话的要求仍是适合的。

西方人有句格言，“诚实是最好的策略”。诚实常常比欺骗能给一个人带来更大的好处，尤其从长远和总体利益来看是这样。只有平时说话做事诚实，绝不撒谎骗人，这个人才可能得到别人的尊重，在社会中获得立足之地。

说话诚实不仅仅是说讲话的内容要真实，要不撒谎骗人，而且语气也要诚恳，才能够打动别人，收到事半功倍的效果，是所谓“以诚动人”。

其次，与人交谈要记得言多必失，应当审慎。

有个笑话就能说明这个道理。警察在一条新开辟的隧道里迎来了第一千辆通过的汽车，代表市政当局赠送给驾驶人一千元的幸运奖金和一枚纪念章，顺便问

道："你拿了钱打算怎么使用？""首先，我要领取一份驾驶执照。"驾车人回答。他太太忙解释说："警官，我丈夫喝了酒，总是胡言乱语。"他那耳聋的妈妈补充说："你看，我早知道，你偷了汽车，逃不了多远的！"故事虽然极端了些，道理却是颠扑不破的。

其三，要言行合一重承诺。

这是我们国家的优良传统，只有言行合一才会取得别人的信任。

最后，合情入理能服人。

讲话注重逻辑，不搞偏门，才能获得别人的理解。

一个口才出众的人说出的话也一定是严谨周密的，符合思维逻辑，叫人听不出错误和漏洞。把话说得滴水不漏，是交际和表达的一大基本功。

日本学者多湖辉在《论表现》中提示了增强说服力的6个技巧，有助于我们更为缜密严谨地表达观点，说服他人。

1. 使用肯定语气表达无把握之事

或许你不止一次地把口袋里的钱送到街头占卜师的口袋里，一脸满足的诚意。这些金口铁嘴之类的先生常常用各种模棱两可的言辞来解释人们的命运，但他在每段的尾句都表达极肯定的意思。他们永远都不会说"你也许会这样"，因为这样只会使他的钞票一天天减少。他们总是断言"一定会这样"。正是利用了这种肯定形式尾句的心理暗示效果，才使得他们财源广进。

这种暗示效果也是催眠术中常用的诱导技巧。催眠时，用肯定的尾句向接受催眠者讲话，如"手抬起来！""一定要把手抬上来！""手触头，不能拿开！"等。如对方像个听话的孩子按你的明确指令进行，效果将不会令你失望。你若说类似"你愿意，把手抬上来吧！"这样暧昧语言，将与失败结下不解之缘。

在松下电器公司飞速发展时期，总经理松下幸之助曾定出一个令人咋舌的营业额，一些人认为这种做法缺乏深思熟虑，而结果却是如期完成。其中奥妙在于他讲话的方法，他常常强调"营业额一定要增长××%"。在筹借资金时，他也以强硬的态度充满自信地说道："一定要给松下公司投资××××美元。"这些坚定自信的语句赢得了斤斤计较的银行家们的好感，而使松下公司大获成功。

2. 强调自己的见解

许多人在演讲时常常运用过多的名人名言，或是引用大量报纸杂志材料，企图增强自己的说服力，但给人的感觉是：陈词滥调，有损听觉。而运用“我是这样看的”“我认为”等语句发表一些独到见解，会让人耳目一新，使人们不得不承认他是一个有头脑的人。

3. “三”是个能增强说服力的数字

“三”这个数字有着奇特的心理感应，因为它有说服力！说服中用“一”显得过于仓促，用“二”又不够显示自己还有容忍之心，只有数字“三”才使人感到稳妥。说服中尽量使用“三”这个数字，诸如“关于那个问题，可以有三种解释”“问题有三个”等，人们对这些语言的评价是：思路清晰，容易理解，易于接受。

4. 使用带尾数的数据能提高你的可信度

如果合乎情理的话，在演说中经常引用一些你记住的带尾数的数据，会使对方觉得你精于某专业而产生强烈的信赖感。

这种“尾数效果”往往能发挥意想不到的作用。某市银行的总经理在他任分行经理时，曾经历过这样一件事：属下前来商量融通资金的问题，说是某制药公司老板希望借款 91 万元。这位分行经理对制药公司老板不借 100 万元的整数感到不解。制药公司老板回答说：“91 万元正好够用，不需要多借。”听了老板的说明，分行经理觉得他把尾数都核算出来的经营态度值得信任，当即批准借款申请。

5. 不要用连珠炮一般的语势

情绪激动的演讲者常常把打动人心的希望寄托在连珠炮一般的语势上，他们如一串点燃的鞭炮疯狂地响个不停，这种热烈的场面或许会激动人心，但他们所说的内容不会给听众留下什么深刻的印象。

相反，放弃这种徒劳无功的演说方式，采用一种平易近人的语势来说相对较少但精彩动人的话，往往会被看作“有智慧”“亲切”而备受欢迎。发表自己的见解时，嘴巴只是发出声音的机器而已，有时并不需要冗长的述说。如果一味追求说话的速度，演说就会成为“扬声器评比会”。

一般来说，流畅而平静的语言更能打动人心。

第九章

拥有卓越口才，轻松出口跟所有人畅聊

会聊天的人都喜欢聊对方关心和得意的事情

林伦蓄须已经有很长时间了，这一天，他忽然心血来潮，准备把胡子剃掉，可是他又有点犹豫："这样突然改变形象，朋友和同事会怎么想，他们会不会笑话我呢？"

林伦想了好几天，最终还是下决心把胡子剃掉。

第二天上班，林伦心中有些忐忑，虽然他有心理准备来应付最糟的状况。然而，结果出乎意料——没有人对他的改变发表任何见解。只见大家都匆匆忙忙来到办公室，然后开始紧张地忙碌着各自的事情。

对于这种情况，林伦感到很奇怪。直到中午休息的时候，依然没有人对他剃须发表看法。

终于林伦忍不住了，他先问了一个同事："你觉得我这副样子怎么样？"

对方听了，愣了一下，说："什么样子？"

"难道你没注意到我今天有点不一样吗？"

这个同事开始从头到脚仔细打量了他一番，点了点头，说："嗯，感觉是有些不同，好像你比以前更加精神了一点。"

后来，林伦常常讲起这个经历，他说："你不知道我心中有多么失落，一直以来我都以为别人会注意到我，现在想想，真是幼稚。"

其实，林伦的想法一点儿也不幼稚。每个人都会觉得自己很重要，都渴望得到他人关注的目光，所以我们想要表现自己，获得他人的关注和欣赏。

无论你是出于什么样的目的和对方交谈，如果能在一开始说话时就让对方心生好感，你在他的心里就已经留下了一个好印象，他就会接纳和喜欢你，那么以后的交谈也一定愉快而且顺利。

原来的单位精简人员，梁先生因此失业了许久。经过几个月的努力，梁先生终于得到了一家大公司的面试机会。这次面试对于梁先生十分重要，因此他丝毫不敢懈怠。为了更好地面试，他在面试前做了非常充分的准备。在面试的前一天，梁先生还先到那家公司去看了看。

开始他只是想去看看现场，以免到时候因为难以适应环境而紧张，同时也可以看看那家公司的办公楼到底是什么样子。而梁先生到了那家公司后，他又多了个心思，那就是顺便打听一点情况。梁先生看到办公楼的门厅处摆放了几艘制作得非常精致的轮船模型。

梁先生正在寻思之时，一名大楼管理员注意到了他，并且问他是否需要帮忙。梁先生告诉他自己第二天要来这里面试，所以先来了解一下这家公司。那名管理员非常热情，给他介绍了公司的一些事情。梁先生非常高兴，最后奇怪地指着那些轮船模型，问："为什么这里要放上这些轮船模型？"管理员笑着说："公司的老板是个船模收藏迷，对轮船很喜爱。"梁先生听后，若有所思。

当天下午回到家里，梁先生就去附近的图书馆，查看了有关旧轮船的资料。第二天，梁先生去那家公司面试，进了办公室，发现里面也有很多轮船模型。梁先生与面试官见面时，突然指着其中的一艘轮船模型说："嘿！那艘帆船不就是哈得逊号吗？"

面试官感到意外，笑着说："先生，你也对船模有研究？"梁先生也微笑着说："我对船比较感兴趣，谈不上研究，有一点了解而已。"接着，他说了自己所知道的船。面试官顿时对梁先生产生了好感，最终梁先生得到了这份工作。

与任何人交谈，都可以多谈谈对方关心和得意的事，这样很容易就可以赢得对方的好感和认同。

说服别人，并不要求你有多么好的口才，若你了解人的心理，善于聊一些对方得意之事，那么说服并不困难。聊对方的得意之事，巧妙地赞扬对方的成就，会使对方的自尊心得到极大满足，对方甚至会觉得你是他的知己。如此一来，还有什么事情办不好呢？

做一个受欢迎的“废话匣子”

孟小姐刚工作没多久，便得知后勤部主管陈姐是公司里人缘最好的人。于是孟小姐就特别注意她。陈姐的外貌并不出众，然而很奇怪，每天中午在员工餐厅吃饭时，总有人端着餐盘往她身边凑，无论男女都乐意跟她一起共进午餐。

孟小姐觉得很奇怪，就问同事：“为什么大家都喜欢陈姐？”那同事想了想说：“嗯，是啊，为什么呢？我也不是很清楚，可能是因为陈姐是个‘废话匣子’吧。嗨，管她呢，反正陈姐这人很好的啦。”

孟小姐听了就糊涂了，这是什么理由？因为废话，所以喜欢她？

孟小姐的好奇心强，为了揭开这个谜底，她也主动成了陈姐的“粉丝”。慢慢地跟陈姐熟悉了之后，她发现陈姐的“废话”还真能“服人”。

有天早上，孟小姐早到了，就在中庭的绿化带散步，远远地，就看见陈姐冲她招手：“小美女，一大早就在这儿吐纳，你可真会保养！”

孟小姐客气地跟她说自己了解一点点中医，陈姐马上从中医说到韩医，又说起了中医与韩医的区别……时间就在她的废话中一眨眼过去了。

孟小姐说得少听得多，但是心里的确放松了很多。听着陈姐说的那些废话，似乎颇有点宁神静气的效果。于是，孟小姐跟陈姐成了好朋友，而且她越来越愿意听陈姐絮絮叨叨地说个不停。

有一次，她们一起吃饭，孟小姐才知道这个性格外向的陈姐竟然是爱尔兰某国立大学的毕业生。但是陈姐笑称，在爱尔兰留学那几年，最大的收获不是学位，而是学会了做个“废话小姐”。在爱尔兰，等巴士的时候，若不跟身边的人说上几句废话，那是很失礼的行为；在戏院排队买票，若不跟身边一起排队的人扯上几句，也很不礼貌……

回国后，陈姐找工作非常顺利。面试的时候，别人都是正襟危坐地介绍自己的学历、能力、近期规划、远期规划之类的。她却不是这样，还没有坐下来，就开始说废话了："我觉得贵公司洗手间里的洗手液，水掺多了。当然公用洗手液掺水是符合节省开支理念的做法，但是据我了解，3 ∶ 7 的比例是最合适的，水的比例再高，就会造成一次挤压出来的洗手液达不到清洁效果而必须二次挤压，这样一来，反而造成浪费……"

陈姐应聘的职位是行政助理，而这一通废话，却让老总对她刮目相看，因此把她留下来担任后勤部执行主管。

对于废话，人们的印象似乎不太好，但是看完陈姐的故事，你的观点是否改变了呢？其实废话并不是我们想象中那般无用，虽然废话的意思并不明确，可废话在人际交往中却不可或缺。它既可以沟通思想，拉近彼此的距离，又可以促进感情交流，摸清对方的喜好、性格特征和对自己观点的支持与认同感。所以，人们在交流过程中，其实往往是靠废话来联系的。

有句堪称经典的废话——今天天气真好！包括国家元首在内的问候，都会说这句经典的废话。每个人活在这个世界上，都知道今天天气好不好，可是，为什么非要说这句话呢？其实，说这句话的目的，就是要引申出其他更多的内容。

所以后面就有了这样一番对答："嗯，今天天气真的很好！""想不想去哪里玩？""想过！本来准备去郊游。""可为什么没去呢？""没钱啦！""这个月没发工资啊？""发了，用完了！""那么快就用完啦？你都用到哪去了啊？""买衣服、护肤品……"

看，一句废话引出多少正经话。如果没有废话，你的每句话都充满意义，那么你会发现，你的听众会厌烦。废话，真实地讲，就是没有目的的语言，因为没有目的，所以更能让人亲近，让人信任。

陈姐之所以如此受人欢迎，正是因为她废话连篇，说出的话没有目的性，让别人与她交流时没有利益得失，因而感觉很轻松，进而产生一种亲近感、愉悦感，跟她做好友就成了自然而然的愿望。

废话不仅可以让你做个受欢迎的人，还可以达到四两拨千斤的效果，所以，为人处世就要学会说一些废话。通常来说，受人欢迎的废话主要涉及三大方面：天气、美食、美景。

如果对方对吃喝玩乐不感兴趣，那就说说各自的大学、当下的时事热点问题等。有经验的人会仔细倾听，找到对方感兴趣的内容，然后再开始说废话。对方喜欢足球，那就聊足球；对方爱旅游，那就聊旅游；对方爱收藏，就聊古董。

总而言之，就是要抓住人的心理，充分发挥废话的无用之用。

说废话的基本思路：说完每句话之后，如果对方感兴趣就顺着他的话题走下去，如果不感兴趣就换个话题。说废话一定要把握好度，废话说太多，显得人哆嗦、轻浮，千万不要刚一转身就被人骂“嘴真贫”“真无聊”。说废话不是侃大山，而更近于轻松自在的寒暄，因此给人亲切之感。

站在对方的立场，说出他的心声

立场是说话的出发点，如果站在对方的立场上分析问题，就能给对方一种为他着想的感觉，这种投其所好的技巧常常具有极强的说服力。要做到这一点，“知彼知己”十分重要。唯先知彼，而后方能站在对方立场上考虑问题。

那么，怎样了解对方呢？首先是需要衡量对方的实力与处境，其次是察言观色，最后是揣摩对方的心态。做到了这三点，才能顺利地达到说服的目的。

以导游为例，如果要说服游客，一定要先了解游客们说了什么，怎么说的，必要的时候还可以引导游客说出内心的真实想法。掌握了游客的真实想法就等于掌握了说服游客的主动权，就可以对症下药地选择恰当的说服角度和特定的说服方法，从而有效地说服游客。

国庆节期间，有一个旅游团到北京游览，在去长城的路上遇到塞车，一堵就是几个小时。这时，游客们等得不耐烦了，导游知道游客有一肚子的火要发，但是这时候他也没有可能说服游客。

于是导游赶快下车，努力地在车外面前后跑，认真地将查看到的塞车情况向游客们汇报。

遇到其他车的导游时，他就大声抱怨：“真倒霉！我们的时间都给耽搁了。汽车要是能飞起来就好了！早知道这样，真不该安排大家今天去长城！什么，你说上哪里都堵车？真是的，我的游客们怎么办呢？”

面对忙前忙后、气喘吁吁的导游，面对导游的满腹牢骚，有的游客甚至安慰起导游来。这个时候，再来说服游客，或组织游客搞一些打发时间的活动，就会更容易一些。

其实，这位导游的做法就是顺着游客的思路，巧妙地借自己的口说出了游客们的想法。当然游客们会想，既然已经这样了，也没别的办法，只有等待了，只有按照导游的安排搞一些有益的活动了。

要说服对方，最好的办法就是引起对方的共鸣，取得对方的理解。而在此之前，你要做的就是先理解对方。

马先生在他订购的牛奶中发现了一小块玻璃碎片，于是前往牛奶公司投诉。不用说，他的情绪是愤怒的。一路上他已经打好腹稿，并想出了许多尖刻的词语。一到经理办公室，他连自我介绍都省略了，把经理伸出的友谊之手也拨向一旁，把自己的不满情绪一股脑地发泄出来："你们公司简直是要命公司！你们都掉进钱眼儿里去了！为了自己多赚钱，多分奖金，把我们消费者的生死置之度外！"

接待马先生的经理经验丰富，面对这种指责，没有动怒，仍旧诚恳地对他说："先生，究竟发生了什么事？请您快点告诉我，好吗？"马先生继续激动地说："你放心，我来这里正是为了告诉你这件事的。"说完，他从提袋中拿出一瓶牛奶，"砰"的一声，重重地往办公桌上一放，说："你自己看看，你们做了什么样的好事！"

经理拿起奶瓶仔细一看，什么都明白了。他变得严肃起来，有些激动，说："这是怎么搞的？人吃下这东西是要命的！特别是老人和孩子若吃到肚子里去，后果不堪设想！"

说到这里，经理一把拉住马先生的手，急切地问："请您赶快告诉我，家中是否有人误吞了玻璃片，或被它刺伤口腔。咱们现在马上要送他们去医院治疗。"说着，拿起电话准备叫车。

这时候，马先生心中的怒火已消了一大半，他告诉经理并没有人受伤。经理这才放下心来，掏出手帕，擦擦额头上渗出的汗珠，说："哎呀！真是谢天谢地。"

接着经理又对马先生说："我代表全公司向您表示感谢。因为您为我们指出了工作中的一个重大失误，帮助我们消除隐患。我要将此事立刻向全公司通报，采取措施，今后务必杜绝此类事情发生。还有，您的这瓶牛奶，我们要照价赔偿。"

经理的这番话，一下子把气氛给缓和了。马先生接过赔偿的时候，气全消了，说："经理，你是个好人。"接着他便开始向经理建议，该采取什么样的措施才能避免此类事故再次发生。结果越谈越融洽，原来双方都是站在同一个立场上。

这位经理处理这起顾客投诉，有几点做得很好：第一，当顾客发火时，他很冷静；第二，用询问的方法鼓励顾客把真正的原因讲出来；第三，当顾客讲清原因后，站在顾客的立场上考虑问题，当即采取措施；第四，对顾客前来投诉表示诚挚的感谢，并就做好工作的问题继续听取顾客的建议。

面对别人的责难，先不要试图争辩和反驳，最好冷静下来，把事情的经过和原委都弄清楚。如果必要的话，你应该向对方表一个态，告诉对方："我是站在你这边的！"在说服别人的时候，你的立场很重要。若是你不能为对方考虑，那么想要达到说服的目的是很困难的。

在说服他人的过程中，我们要用感情来打动他们

有一个推销新式柴灶的推销员，他不但详细地向农民解释使用新灶的好处，而且说干就干，脱掉外衣，拿出工具，挥汗如雨地给农民改灶。

本来还犹犹豫豫的农民深受感动，不仅当即就用新灶煮饭请推销员尝个鲜，还主动帮助这位推销员向左邻右舍介绍新式炉灶的优越性。

没有热情，是很难完成说服工作的。记住，在说服他人的过程中，我们要用感情来打动他们。当感动充溢于他们的胸中的时候，他们会真正地打开心门，进而改变自己的态度。这样，我们的说服目的就达到了。

在一个镇上有两家卖豆腐的：老王家和老李家。两家的豆腐的质量都差不多，分量也都很足，但奇怪的是，两个人的生意的红火程度却大不相同，老王的生意明显要比老李的好得多。为什么同样的豆腐，同样的分量，生意上会有这么大的差别呢？

原来，同样是卖豆腐，老王在给顾客称豆腐的时候总会顺便多说一句话。比如是张大娘来买豆腐，他会热情地问候："大娘，最近身体还好吧？"如果是家中有孩子的人过来买豆腐，他就会问："孩子还听话吧，最近学习怎么样呀？"

刚开始的时候，大家对这种热情的问候并不是多么在意，但是时间久了，大家开始把老王当成了朋友，不由自主地照顾起了他的生意。

热情能使说服获得成功。因为人都是有情感的，当我们"热"起来的时候，也会感染对方，使对方的情绪也"热"起来。

热情的人无疑是世界上最有效率的说服者。当你坚定地相信并热爱自己确信

的事物时，你所有的精神动力会产生超乎想象的力量。当人们接近热情的人时，他们知道这个人不同寻常，并会报以令人兴奋的回应。

如果你开始对别人感兴趣，那么你在两个月内找到的朋友会比你花两年的时间找到的多得多。

那么，在说服的过程中，具体怎么表达你的热情呢？对待我们周围的人，不妨设法了解并且记住他们的名字。某一天在路上相遇的时候，热情地叫出对方的名字，打一声招呼，这样或许就会产生意想不到的效果。

或许在某个时段，热情起到的作用并不是多么明显，看不见也摸不着，但是它那相当大的感染力，会在后来慢慢展露出来。

充满热情的人，说出来的必定是令人振奋的话语。和这样的人谈话，会在不知不觉间被同化，你也会变得热情起来。相反，一个没有热情的人，会让沉闷的情绪充斥在周围的空气里，当这样的人说话时，哪怕是苦口婆心的话，我们也不太愿意听。

要是你没有能力，却有热情，你还是可以使有才能的人聚集到你身边来。假如你没有资金或设备，但你有热情说服别人，仍然会有人回应你的梦想。

需要特别提醒你，想让人感受到你的热情，在与人说话的时候就一定要投入。有不少人虽然表面上会和别人打招呼，但是总给人一种隔阂感。这样的话，别人很难接受你。在说服别人的时候，自然也就有问题了。

对了，释放你的热情，不要忘掉微笑。真诚的微笑是热情的催化剂。

吕先生是一个表情严肃的人，即使在家里也很少笑，这让人觉得他的生活很沉重，或者说很苦闷。后来他在一次培训中，被要求以微笑的经验发表一段演讲。这次尝试改变了他。此后他开始学习微笑。他对电梯管理员微笑着说“早安”，对门口的警卫微笑着打招呼，对那些以前从没见过他微笑的人微笑。

很快，吕先生发现每一个人也对他报以微笑。他微笑着面对那些满腹牢骚的人。他一边听他们发牢骚，一边微笑着，问题很快就被解决了。他惊讶地发现，自己因此得到了更多的收入。

回家后，和妻子交谈，和孩子说话，吕先生始终保持着柔和的微笑，沉闷的家突然被一种温馨的气氛笼罩。对于这一切的改变，吕先生觉得不可思议，但它确实发生了。

心理学研究表明，微笑与人的形象有着奇妙的关系。虽然微笑是一种面部表情，却反映了人的精神状态和生活态度。在现实生活中，微笑还是人际交往的润滑剂，能帮助人们驱散心头的烦恼，消除人与人之间的隔阂，让你的话语更具有感染力。

微笑与热情是相伴而生的，即便你的内心如地壳中的岩浆一般沸腾，可若是脸上没有微笑，就会让人有隔阂感。灿烂的笑容，会让人更加真切地感受你的热情。

对别人多一份关心，多一份热情，将会极大地提升你的社交质量。尽管有的人会排斥热情之人，说："无事献殷勤，非奸即盗。"但大多数人是喜欢与热情之人打交道的。无论如何，热情一点总是好的。每天早上起来，见到别人问一声好；每天晚上睡觉前，跟你的家人说"晚安"。这些简单的细节，将改变你在他人眼中的形象，让你更具魅力。

把话说清楚，让人不迷糊

聂先生是一名演讲家，有一次，他同时接到两家研习机构的演讲邀请函。一时之间，他无法决定接受哪家的邀请。不过，听完了两位邀请者在电话里的说辞后，他很快就做出了选择。

第一位邀请者在电话中是这样说的："请先生不吝赐教，为本公司传授说话的技巧给中小企业管理者。由于我不太清楚您所演讲的内容为何，就请您自行斟酌吧。听众大概不超过一百人。拜托了！"

而第二位邀请者的说辞是这样的："恳请先生不吝赐教，传授一些增强中小企业管理者说话技巧的诀窍。参加的对象都是拥有大约五十名员工的企业管理者，预定听讲人教为七十人。

"此次恳请先生前往演讲的主要目的，是希望让所有研习者明白，不能清楚表达自己想法的人，无法成为优秀的管理人才。希望演说时间能控制在两个小时左右，内容锁定在三个方面：第一，学习说话技巧的必要性；第二，掌握说话技巧的好处；第三，说话技巧的学习方法。希望您能带给大家一次别开生面的演讲。万事拜托了！"

很显然，第二位邀请者的说话方式要比第一位的好一些，因为那能带给受邀者好感。而事实上聂先生也是这么认为的。

聂先生认为，第一位邀请者说话时平淡无力，缺乏热忱。给人的感觉，便是一副为工作而工作的态度，让人感受不到丝毫的热情，也给他留下了相当不好的印象。此外，对方既没明确地提示聂先生应该做什么，要做到什么程度，也没有交代清楚听讲人数，这让聂先生如何决定演讲内容呢？

而第二位邀请者的说话方式则完全不同。聂先生可以清楚地感觉到这个邀请者办事明快干练、信心十足，完全将他的热情毫无保留地传达给了自己。更重要的是，对方在他还没有提出问题的情况下，就解答了所有的疑问。

听完第二位邀请者的话，聂先生的脑海里立刻就浮现出自己置身于讲台上的情景，并且很快就能够想象出参加者的表情，以及自己该讲述的内容等。

从案例中就可以看出来，第一位邀请者说服失败的最主要原因，就是不能清楚地表达自己的意思。而第二位邀请者则清晰地表达了自己的目的，因此得到了聂先生的赞赏和认可。

由此可见，具体说明你所想表达的内容，让被说服者更加清楚地理解你的意思，这些对于说服工作的重要性。那么，我们究竟应该怎样说服对方呢？

第一，使用确定性词语，少用模糊描述。当你打算说服一个人的时候，尽量不要使用模糊的说辞，像“大概”“可能”“也许”之类的词语，会让你的说服力下降。

你应该试着清楚地描述事情的原委，表达自己的目的。像“如此一来不就大有改善了吗”之类的话，能够更进一步深入话题，好让对方能够充分理解，可以经常使用。

第二，使用生动性描述，少用专业术语。为了让你的描述更加生动，少不了要引用一些比喻、实例来加深被说服者的印象。适当引用比喻和实例能使人产生具体的印象，能让抽象晦涩的道理变得简单易懂，甚至使你的主题变成更明确或为人所熟知的事物。

如此一来，就能够顺利地让你的观点在对方脑海里产生鲜明的印象，也就更容易说服对方。

第三，告诉对方能得到什么利益。与其讲“赶快将这件事做完”，不如说“如果你能够尽快把这件事做完，那就会有充足的时间来做下一件事”。现在虽然辛苦一些，但是做下一件事时则会有充分的时间，对当事人来说，这无疑是一种很大的诱惑。

乘坐公共汽车的人都有这样的经验，当公共汽车上已经客满时，许多人仍然站在门口不想往里挤，司机扯着嗓子叫喊：“麻烦各位往里挤一挤。”乘客却照样无动于衷。如果司机大声嚷嚷“里面还有空”，那么，许多乘客就会往里挤。

“倘若按照我说的去做，该产品绝对省时省钱，美观大方，又有销路……”这样的话，将不断刺激说服对象的欲望，直到他跃跃欲试为止。

因此，在说服前，你必须能够准确地揣摩出对方的心理：他在想什么？他惯用的行为模式是什么？现在他想要做什么？针对对方的喜好，说明具体的好处，将会让对方对你的建议感兴趣。

第四，告诉对方该如何行动。光有理论分析是不行的，方法非常重要，如果没有具体的操作方法，你的说服力将会大打折扣。因此，你要让对方明了：他应该做什么？做到何种程度最好？到了这一步，对方往往就会很痛快地按照你的指示去做。

总的来说，清楚的表达能力是成功说服中不可缺少的要素，对方是否能够轻轻松松地倾听你的想法与计划，取决于你如何巧妙运用你的语言技巧。

另外，除了上述几点之外，说话速度的快慢、声音的大小、语调的高低、停顿的长短、口齿的清晰度等都不能被忽视，还有适当的表情、肢体语言等辅助手段，都将影响表达的清晰度。

不可否认，高深莫测的谈话，也许能够唬住一些人，从而达到说服的目的，但是这样做也容易引起人们的疑虑。事实上，清晰的表达对于说服会更加有利。清楚的表达，可以让人更快明白你的意思，而具体的好处、做法，将消除被说服者心中的疑虑，这将有利于你的说服。

适时刺激一下，对方就听你的

当你就算有一千条一万条理由，你的女朋友也不愿意听你解释的时候，有个办法或许能够帮助你——指出对方的弱点，把责任推卸给她。你可以这样说："反正我说再多的理由也没有用，你这个人太傻、太固执，又向来轻信谣言，还是不说了。"

这样一来，对方反而会不服气，说："好啊，那你说说，我怎么固执？怎么傻？怎么就轻信谣言了呢？"你的话刺激到她了，所以原本不想听你解释的人，变得特别想与你理论一番。

有的人个性顽劣，不易接受别人的劝告，如果你总是正面说服劝阻他，他反而劲头十足，越来越坏，丝毫不见效果。对付这种人，不妨换一种说法，刺激他一下："像你这样顽固的人，我说什么你也不会听，说多了白费口舌。"或者说："像你这样执迷不悟的人，没救了，我完全无话可说。"

将责任推到他身上，说对方"顽固""执迷不悟""没救了"，很容易刺激到他。本来这样的人逆反心理就特别强，这么一刺激，对方反而要听听你的说法。

当你告诉别人某件事不能做的时候，对方可能会很想试一试；当别人说你做某事不行的时候，你反而可能爆发出激情。

例如，当上小学的孩子不愿意做某事时，只要加上一句"这孩子不是不做，可能是没有能力做吧"，很奇怪，孩子本来不愿做的事，这时会主动去做。也就是说，不说孩子不愿意做，而是故意强调孩子能力不足，这样恰恰激起了孩子战胜不满情绪的自尊心。

这就是激将法。激将法是对"自我服务偏差"和"他人评价顾忌"的综合运用。大多数人在“自我服务偏差”的作用下，认为自己高于平均水平。内心骄傲、有过超常表现的人更是如此。这样的人对他人的评价非常在意，唯恐被别人轻视小看。

一般来说，傲气十足的人，都喜欢正面的恭维。因为他对面子看得很重，同时，这类人也非常讲究分寸，正面恭维可以让他飘飘然。如果你对他能够当面“美言”几句，他很快就会顺从你的意图。

但是傲气的人也有顽固的时候，如果这样的人不愿意接受你的要求，就可以选择使用激将法，刺激他的自尊心。

某橡胶厂进口了一整套价值两百万元的现代化胶鞋生产设备，由于原料与技术力量跟不上，搁置了四年无法使用。后来，新任厂长决定将这套生产设备转卖给另一家橡胶厂。

正式谈判之前，甲方了解到乙方两个重要情况：第一，该厂经济实力雄厚，但基本上都投入了再生产，要马上腾挪两百万元添置设备，困难很大；第二，该厂厂长年轻好胜，几乎在任何情况下都不甘示弱，甚至经常以拿破仑自诩。了解到这些情况后，甲方厂长决定亲自与乙方厂长进行谈判。

甲方厂长：“昨天在贵厂转了一整天，详细了解了贵厂的生产情况。你们的管理水平确实令人信服。你年轻有为、能力非凡，让我很是钦佩。”

乙方厂长：“哪里，哪里，老兄过奖了！我年轻无知，还希望得到老兄的指教！”

甲方厂长：“我向来不奉承人，实事求是嘛。贵厂今天办得好，我就说好；明天办得不好，我就会说不好。”

乙方厂长：“老兄，我厂的设备如何？听说您打算将贵厂进口的那套现代化胶鞋生产设备转卖给我们？”

甲方厂长：“贵厂现有生产设备，放在国内看是可以的，至少三五年之内不会有什么大问题。关于转卖设备之事，尚有两个问题。第一，不知贵厂是否有经济实力购买这样的设备。第二，即使有能力购买，贵厂也未必有能力招到懂得操作这套设备的技术人才。”

乙方厂长听到这些话，顿时觉得被甲方厂长轻视了，十分不悦。于是，他大声地向甲方厂长介绍了自己厂的经济实力和技术力量，表明自己厂有能力购进并操作管理这套价值两百万元的设备。经过一番周旋，甲方成功地将闲置了四年的设备转卖给了乙方。

在利用激将法来说服别人的时候，可以利用对方的“地位意识”。例如，说服自己的上司时，就要刺激他的“地位优越感”。如果你说“我可能没有能力做这项工作”来强调自己的能力不足，以及掌握情况不够等，就会刺激对方的“地位优越感”，他会说：“是的，你可能不行，还是我来做吧！”从而，轻易地接受你的说服。

没有哪种方法是万能的灵丹，激将法也是有局限性的。激将法实质就是利用故意表现出来的“看不起”的态度来激发个体的斗志，促使他倾尽全力取得“让人看得起”的业绩。用“看不起”来刺激人，往往会让人将这种故意的“看不起”视为真正的“看不起”，从而在心中留下很深的芥蒂。因此，在使用激将法说服他人的时候，一定要注意分寸，不要乱用。

把话说得客气点，别人听着也就舒服一点

许多人排队等着使用打印机，这时候，一个人走到队伍的前面，对大家说："很抱歉，各位能让我先打印吗？我赶时间。"这时候，大概有许多人都会很不满。而如果这个人说："很抱歉，能让我先来吗？因为我需要打印好几份文件，这些文件急着要用。"这个时候，同意让这个人先打印的人会立刻多很多。

说话要讲究言辞得体、态度自然，表现出你的善意，如此才能够引起他人的注意，受到他人的欢迎。相反，若话说得难听，必然不会有好结果。

比如菜场售货员看到顾客剥开大白菜的菜叶，就大声地叫喊："不准剥菜叶！"顾客辩解："谁剥了？谁剥了？你哪只眼睛看见是我剥了？"因此，常常会引发争吵。如果售货员能够换一种说法："您好，小心了，这菜嫩，别碰落了菜叶。那样的话，就不保鲜了。"把"剥"换成"碰落"，这意思就不一样了，变有意为无意，就流露出对顾客的宽容和理解。

有个人出差，在飞机上就餐的时候，空姐推着食品车询问乘客："'要饭'还是要面？"这让人听了很不舒服。怎么说"要饭"？自己又不是乞丐。这个人想着，就对空姐说："小姐，如果你能够把'要饭'改成'吃饭'，会更好一些。"空姐听了乘客的话，沉思一会儿，连忙点头说："先生，您说得对，谢谢您的提醒。"自此，空姐的询问变成了吃饭还是吃面。

有的酒店服务人员经常与顾客发生争吵，其中最大的原因就是用语不当。比如，有的服务人员在顾客结账的时候，会生硬地说："你等一等，让服务人员看看房间里有没有缺少东西。"顾客听了这话，心情肯定不会太好，所谓"宾至如归"的感觉也没有了。

查房原本就是正常的程序，其目的非常明确，但是就这样对顾客说出来，好说不好听，等于把顾客全当作贼了。那么应该怎么说？“先生，请您稍等，我帮您看一下有没有落下的物品。”这样的表达，不仅能让人接受，而且体现了为顾客着想的服务水准。

总而言之，表达不同，收到的效果就不一样。很多时候，不看你说什么，就看你怎么说。

把话说得客气点，别人听着也就舒服一点。相反，若你说话不客气，则很容易引发纷争，不仅无法得到他人的认同，还会带来很多麻烦，影响你的办事效率。因此，在说话之前，最好站在别人的立场上，多动一番脑筋。

唠家常能够消除戒备心，让说服变得更容易

有个年轻的业务员，平时很喜欢阅读，尤其喜欢中国古代的诗词。工作之余，他最大的爱好就是待在家里，看看古典诗词。时间久了，他也就积累了很多这方面的知识，与人说话时总会引经据典，时不时蹦出来几句。

有一次，他去拜访一名客户，那是一位头发斑白的老人。据说，这位老人在经商之前，曾是一所知名大学的中文系教授，是一位非常冷静和理智的人。在这位年轻业务员来到之前，已经有不少同行前来和这位老人洽谈业务，希望能有所收获，但是面对老人的咄咄逼人，都铩羽而归。

年轻业务员了解了这些情况，不由心生忐忑，他认为自己很有可能也会在对方的咄咄逼人下败下阵来。

事实上，在他刚接触老人的时候，对方的表现也十分冷淡。他做这一行已经有好几年了，早已练就过硬的心理素质，因此虽然对方表现冷淡，但他还是不愿意放弃，而是极尽口舌之能，尽量拣好听的话说，试图让对方改变态度。可是无论他如何说，老人还是没有一点儿合作的意向。

人的耐心终归是有限的，年轻的业务员察言观色，发现对方确实没有合作的意思，他的心情也就黯淡下来，有了放弃的念头。人就是这样，心里面有很大期望的时候，往往会束手束脚，无法放开，而一旦没有了期望，反而可以真正放开。在走之前，他不再期望能够和对方达成合作，就轻轻松松地和对方交流起来。

就在这个时候，他的古文功底得以表现出来。他与对方说话，时不时用几句贴切的古典诗词，使他的语言更有魅力。他的改变使老人微微一愣，不由多打量了他几眼，不过，却没有多说什么。

从老人那里离开后，年轻的业务员认为自己肯定无法抓住这个客户了。可是让他没有想到的是，几天后，他却意外地接到了对方打来的电话。在详细了解情况之后，老人愉快地和他签了合同。

再后来，他和那位老人成了朋友。聊起这件事，老人告诉他："本来，我是不准备和你签合同的，我觉得你们业务员做事和说话的目的性都太强，讲话务虚的多，务实的少，经常会误导别人。但是后来你不打算卖产品给我，放松下来和我聊天的时候，我才知道你对古典诗词很了解，很显然在这方面是花了工夫的。这样的人现在可太少了。我觉得，愿意读书，尤其是愿意诵读古典书籍的人，人品通常不会太差！与其找别人签合同，还不如找你这样的人签呢！"

所谓"欲速则不达"，心急吃不了热豆腐，说服不能太着急，若你的说服动机太明显，反而落了下乘！因此，不要急躁，以免让人心生戒备。那么，怎样做才可以让对方对你敞开心扉？

1. 把握说服的节奏，不要太着急。有的人无法顺利说服他人，是因为不能把握说服的节奏。表现得太着急，行为太激进，很容易把人吓跑，特别是谈恋爱的时候。心急吃不了热豆腐，说服人也是这样。太着急了，进展太快，会让人感觉不适应。

2. 学会掩藏说服动机，不要一开始就表明想要说服的全部内容。为了让对方同意自己的说法，人们常常会过于详细地向对方说明事情的情形。然而，正如前面已经讲过的那样，人有时会因为太了解事情的真相而产生不安心理。所以，有不少时候自己认为尽心尽意地进行了说服，结果却导致了反作用。因此，在说服有不安心理的对方时，不要一开始就将说服内容全部告诉对方，这样反而不利于说服工作的顺利进行。

3. 保持安全距离，避免一开始就表现出强势的态度。从事心理工作的人，在进行心理指导时，特别要注意坐的位置和姿势。第一，让患者和自己保持恰当的距离；第二，采取自己轻松舒展的坐姿，而尽量避免正襟危坐。这些行为都可以消除对方的戒备心理。

4. 尽量避免视线相触。一般来说，戒备心比较重的人，不愿意做过多的眼神接触，他怕你通过"心灵之窗"看出他的心事。因此，对方通常会故意避开你的视线，以免被你觉察到他的心理变化。所以在说服对方时，必须注意对方视线、态度的微妙变化。

5. 在发现对方产生戒备心理的时候，不要直接点破。有的人习惯说：“你没有必要这样紧张，不必对我怀有戒心！”这样的话不仅没有任何效果，反而会起反作用。因为对方的深层心理被你识破了，他会再加厚心理的屏障，防止你的再次突破。这时候，你就应该停止说服工作，努力做互相沟通的工作。

追女孩子时，你要是表现得太急切、太有侵略性，那么人家就会对你产生警惕。说服也是这样，如果你一开始就表现得太急躁，或者动机太露骨，对方就会对你产生戒备。如果能够放松下来，自然一点，和对方唠唠家常，把对方的戒备心消除了，说服起来就会更容易一些。

第十章

拥有卓越口才，让语言变得灵动起来

要说服对方，应该先去除其戒意

当你想去说服一个人时，对方免不了怀有戒意，对方的戒意太大就会给你的表达造成阻碍，不把它除去你就很难打动对方的心，达不到沟通效果。所以，要说服对方，应该先去除其“戒意”。

碰到对方对你有戒意时，应如何消除呢？下面是应对的秘诀：

1. 积极地表示你很“关心他”

一旦发现对方有戒意就得马上采取消除戒意的行动。戒意一除，才有进入问题核心的可能。做到这个地步，说服就等于成功了一半。

积极地向对方表示“我很关心你”，十分重要。论辩时的说服术，就要讲究这一点。为了表示你很关心他，你必须先聆听对方的话，做个“倾听能手”，借此造成亲近感。

2. 进入对方的意识里

一开始就想使对方落败，只会增强对方的抗拒心，无异自造障碍，是愚蠢之至的做法。边微笑，边点头，借这些小动作，表示自己对他怀有好感，对方就觉得，这种事何必跟他争论得那么认真？这一招，效果之好，超出想象。

如果认真倾听而对方仍无动于衷，遇到这种局面，你可以自动地以对方的携带物、穿着之类的东西做话题。手表、领带、领带夹、袖扣、西装、皮鞋、眼镜……可说是一个人嗜好和个性的象征，这些东西受到注目，他岂能不开口，跟你聊谈数句？

拿对方漫不经心的动作做话题，亦无不可。譬如，看他不断以手指敲桌子，就问：“你会弹钢琴？”写字的时候，翘起小指，你就说：“瞧你，写字的时候小指这样翘起来，真有意思。”对方不经意的动作给这么一说，气氛就会缓和，这有助于消除对方的戒意。

3. 寻找双方的共同点

（1）把自己的某些小秘密泄露出来。

（2）谈论中屡次把对方的姓名夹进去。

（3）故意使用对方爱听的言辞。

（4）问对方的籍贯、居住地。

（5）拿对方认识的第三者当话题。

（6）如果觉得使用人称代名词有损对方的感情，就换用抽象名词。

4. 顺着对方的心理趋向进行论辩

（1）从细小的事说起。杰出的推销员，最精于此道。譬如，推销某种东西时，就说：“不买也不要紧，请拿在手里试试它的感觉吧。”先避谈买不买，只求对方拿在手里试试感觉（这是比购买行为更小的行为）。如果推销的是香水就说：“怎么样？闻一闻它芬芳的香味吧。”这样由小而大，一步紧跟一步地进击，这种过程，不会让对方觉得有任何心理压力。

（2）先说结论，有时候也很有效果。将你打算说服的是什么，及早而明确地指出。这一招，在生怕拖长时间的时候使出来，就足以使对方戒意尽除。这个方法的用意，是为了不使对方在心理上产生抗拒，进而促其造成“同意的心理态势”。

这种大胆无比的方法叫作“苏格拉底问答法”。这位古希腊时代的哲学家，最擅长此道，他的每一句问话，都使对方非答“是”不可，由于不断回答“是”，对方的心理就如球之顺坡而下，被导入肯定的方向。

投其所好让语言被听众所接受并产生共鸣

说话表达，是一个传递信息的过程。

提高自己的语言表达能力，把话说好，不仅关系到说话者本人能否准确、流畅地表达自己的思想，而且还在于你所表达的思想、信息，能否为听众所接受并产生共鸣。

把话说好，一个重要的准则在于能否把话说到别人的心窝里，打动人家的心弦。

某市文化单位要建一座影剧院。一天，公司经理正在办公，家具公司李经理上门推销座椅。

一进门便说："哇！好气派。我很少见过这么漂亮的办公室，如果我也有一间这样的办公室，我这一生的心愿就满足了。"

李经理就这样开始了他的谈话。然后他又摸了摸办公椅扶手说："这不是香山红木吗？难得一见的上等木料。"

"是吗？"王经理的自豪感油然而生。并说："我这整个办公室是请深圳装潢厂家装修的。"

他又亲自带着李经理参观了整个办公室，介绍了计算比例、装修材料、色彩调配，兴致勃勃，满足之盛，溢于言表。

如此，李经理自然可拿到王经理签字的订购合同。同时，互相都得到了一种满足。

李经理没有直接赞赏王经理有品位、有见地，而只是说起了王经理办公室的豪华气派，令对方倍感自豪，兴致大发，于是拉近了与陌生人之间的感情。

“投其所好”，原意是为达到某种目的而迎合对方的爱好，即通过满足对方心理需求这一手段达到彼此相通的目的。

事实证明，与人交谈，多说些他喜好的话题，很容易使人产生理解和共鸣，继而就会带来谅解和愉快的合作；反之，则会产生排斥和拒绝。要使对方从消极到积极、从拒绝到合作，就需要积极进行引导、启发。

设身处地替别人着想，让你话语更容易被对方理解

有家电视台，每周设有一档关于人生问题讲座的节目，据说收视率要比其他同时段的节目高出许多。收视率之所以高，当然有许多原因，但其中或许有人们都喜爱观看他人遭遇不幸的残酷心理。不过，最主要的还是因为节目中巧妙的对话，使人百看不厌。

大多数有疑难问题而上电视请教的观众朋友，在开始时，多会对解答者所作的各种忠告提出反对意见或辩解，并且显得十分不情愿接受对方所言。但久而久之，不觉对解答者所说的每一句话都会频频点头称是。见了这些画面，真是比起在电影院中观赏一部电影的感受还要深。

凡电视台的主持人或解答者，无不是精挑细选才产生出来的，所以光是听听他们的说服方式也获益不少。

对于不易说服的人，最好的办法就是要使对方认为你与他是站在同一立场的。通常出现在探讨有关人生问题的电视节目的观众朋友，离婚女子占多数。此时，负责解答疑难者说的一句话是："如果我是你的话，我会原谅他的，而且绝不与他分手。"

千万别认为话中的"如果我是你"只是一句简短的单纯的话，殊不知它能发挥的效力是不可估量的。这也就是由于人人都认为"自己最可爱"的心理所致。

如果你在说服别人的过程中，无意中使用了一些不太得当的言辞，但由于你巧妙地运用这句"如果我是你"，不仅弥补了你言辞上的过失，还能促使对方作自我反省，使对方终于感觉到唯有你的忠言，才是对他自己最有利的。

卡耐基曾租用某家大礼堂讲课。有一天，他突然接到通知，租金要提高3倍。卡耐基前去与经理交涉。他说：“我接到通知，有点震惊，不过这不怪你。如果我是你，我也会这么做。因为你是旅馆的经理，你的职责是使旅馆尽可能盈利。”

紧接着，卡耐基为他算了一笔账，将礼堂用于办舞会、晚会，当然会获大利。“但你撵走了我，也等于撵走了成千上万有文化的中层管理人员，而他们光顾贵旅社，是你花5000元也买不到的活广告。那么，哪样更有利呢？”经理被他说服了。

卡耐基之所以成功地说服了经理，在于当他说“如果我是你，我也会这么做”时，他已经完全站到了经理的角度。接着，他站在经理的角度上算了一笔账，抓住了经理的兴奋点——盈利，使经理心甘情愿地把天平砝码加到卡耐基这边。

汽车大王福特说过一句话：假如有什么成功秘诀的话，就是设身处地替别人着想，了解别人的态度和观点。因为这样不但能使你得到与对方的沟通和被对方理解，而且可以更为清楚地了解对方的思想轨迹及其内心的想法，从而让自己的说话表达有的放矢，精准到位。

找到别人的兴奋点，把话说到对方心窝里

如果你不能设身处地站在别人的角度，找到别人的兴奋点、热点，说话表达很可能会让别人觉得不着边际，引人反感。因此，要想使自己表达的语言能够为人接受，为人喜欢，就要多为别人着想，满足别人的自尊心理。

深圳电车模范售票员王苹，不但有全心全意为乘客服务的热情，而且还有暖人肺腑的语言。口才，使她说的话深深打动了乘客的心弦，使她在平凡的工作岗位上创造了不平凡的业绩。她是怎样工作的呢？

有一天，车上的乘客很多，而这时又上来了一位抱小孩的妇女。王苹同往常一样对乘客们说："哪位同志给这位抱小孩的女同志让个座儿。"但她连讲两次，无人响应。王苹没有着急，缓缓地站了起来，用期待的眼光看了看靠窗口的几位小伙子，提高了嗓音："抱小孩的那位女同志，请您往里走，靠窗坐的几位小伙子都想给您让座儿，可就是没有看见您。"话音刚落，"呼啦"一声，几位小伙予都不约而同地站了起来让座。这位女同志坐下以后，光顾喘气定神，忘记对让座的小伙子道谢，小伙子面露不悦的神色。王苹看在眼里，心中明白，她忙中偷闲，逗着小孩子说："小朋友，叔叔给你让了座儿，你还不谢谢叔叔。"一语提醒那位妇女，连忙拍着孩子说："快谢谢叔叔，快谢谢叔叔。"那小伙子听到"谢谢叔叔"时，连声说："不客气。"王苹的几句话为什么产生这么大的魔力？因为她了解人们的自尊心，只有充分理解人们的自尊心，才能把话说到人家的心窝里。

我们与人说话，要想收到"心有灵犀一点通"的效果，就要理解人们的合理需求，爱护人们的自尊心。要做到这一点，我们在谈话的时候就要经常注意转换角度，即善于站到对方的立场上，从对方的观点来观察问题，如同用你的观点一样。

与人交谈沟通，要善于观察对方的心理投其所好

了解听者的心理，是掌握说话表达技巧的基础。只有在了解对方心理的基础上，才能正确地选择在某个场合该讲什么，不该讲什么，哪些话能够打动听众的心坎，能使听众产生共鸣，真正使谈话达到水乳交融的境地。

人的心理捉摸不定、较难把握，但是，在有些场合，人内心的东西又常通过各种方式而外露。善于观察听者的一举一动，并能据此加以分析和推测，那么，基本上就可以掌握听众的心理和情感。譬如，在讲话时，如果听者发出唏声，说明听众不喜欢那些话；如果听者两眼注视，说明说话的内容非常吸引人；如果听者左顾右盼，思想不集中，说明他心里可能很着急，但又出于尊敬而不愿离开……当然，有许多人善于抑制自己的感情，不让它外露，即使这样，也难免会露出蛛丝马迹。

战国时，魏文侯和一班士大夫在闲谈。文侯问他们："你们看我是怎样的一位国君？"许多人都答道："您是仁厚的国君。"可一位叫翟黄的人却回答说："你不是仁厚的国君。"文侯追问："何以见得？"翟黄有根有据地答道："你攻下了中山之后，不拿来分封给兄弟，却封给了自己的长子，显然出于自私的目的，所以我说你并不仁厚。"一席话说得文侯恼羞成怒，立刻令翟黄滚出去，翟黄若无其事地昂然离去。文侯仍不甘心，他又接着问任痤："我究竟是怎样的一个国君？"任痤答道："您的确是位仁厚之君。"文侯更加疑惑了。任痤说："我听说过，凡是一位仁厚的国君，其臣子一定刚直，敢说真话，刚才翟黄的一番话说得很直，而不是阿谀奉承之词，因此，我知道他的君主是位宽厚的人。"文侯

听了，觉得言之有理，连声说："不错，不错。"立即让人把翟黄请了回来，而且拜他为上卿。

在这则故事中，我们不但能看出任痤的人品高尚，救助同事，而且能看出他机巧聪明，善于抓住魏文侯愿意被人尊为仁厚之君的这种心理，从同一事件中巧妙地引出了有利的结论。化解了文侯和翟黄之间的矛盾。

与人交谈沟通，要善于观察对方的心理。如果有机会到陌生朋友家里去做客，就要用自己的眼睛去细心观察对方的有关情况，加强对对方的了解。比如，我们从对方家庭的日常生活用品及布置设计中，就可以判断出对方的经济状况、生活情趣、艺术修养格调等；从对方的言谈举止、音容笑貌及衣着表情，就可以窥探出对方的性格、品德以及为人处世与待人接物方面怎样；从对方家中案头放的书籍、墙上挂的艺术作品，就可以了解到对方的个人爱好、学习兴趣、审美情趣等。有了以上这些了解，我们容易轻松自如地与对方进行交谈、表达思想。

察言观色，寻找交谈共同点

心理学表明，如果能够找到和对方交谈的共同点，就可以突破对方的心理防线，打破双方交谈的障碍，为沟通和表达做好铺垫。

1. 善于观察，寻找共同点

一个人的心理状态、精神追求、生活爱好等，都或多或少地在他们的表情、服饰、谈吐、举止等方面有所表现，只要你善于观察，就会发现你们的共同点。比如乘坐火车时，你可以巧妙地接近对方："你是哪个学校毕业的？"对方回答："××学校。""噢，算来咱俩还应算是校友呢。"于是，交谈的窘境就轻而易举被消除了。当然，察言观色还要同自己的情趣爱好相结合，自己对此也有兴趣，打破沉寂的气氛才有可能。否则，即使发现了共同点，也还会无话可讲，或讲一两句就"卡壳"。

2. 以话试探，侦察共同点

可以打招呼开场，询问对方籍贯、身份，从中获取信息；可以通过听说话口音、言辞，观察对方情况；可以动作开场，边帮对方做某些急需帮助的事，边以话语试探，甚至借火吸烟，也可以打开交际沉寂的局面。比如乘车时，你可以问对方："在什么地方下车？""南京，你呢？""我也是。你到南京什么地方？""我到南京山西路一亲戚家有事，你就是此地人吧？""不是的，我是从南京来走亲戚的。"经过双方的"火力侦察"，双方对县城熟悉、对南京了解、都是走亲戚的共同点就清楚了。这种融洽的效果看上去是偶然的，实际上也是有其必然原因的："火力侦察"，发现共同点，打破了陌生感。

3. 揣摩谈话，探索共同点

为了寻找对方同自己的共同点，可以在需要交际的人同别人谈话时留心分析、揣摩，也可以在对方帮自己交谈时揣摩对方的话语，从中发现共同点。

4. 步步深入，挖掘共同点

随着交谈内容的深入，共同点会越来越多。为了使交谈更有益于对方，必须一步步地挖掘深层的共同点，才能如愿以偿。

在对方敞开心胸和我们说话后，如果你要想得到他们的支持，那么你应该接下来思考这样一个问题：怎么能够让他认同我？问题的答案很简单：恰到好处地适应陌生人的情感需求。你只有打通了陌生人的情感需求通道，才能让他彻底放下戒心，才会从心底里认同你。

首先，关心他最亲近的人。任何人总是关心着自己最亲近的人，如果一旦发现了别人也在关心着自己所关心的人，大都会产生一种无比亲近的感觉。交际就可以利用人们这种共同的心理倾向，从关心他最亲近的人切入，拉近交际的距离。

其次，在他心中建起“同胞”意识。如果能在交际之初迅速建立起“同胞”意识，就可以使对方放松对自己的警戒之心，而把自己接受为“自己人”。

再次，为他人助上一臂之力。热情相助最能博得人的好感。在日常生活中，那些具有古道热肠、为人厚道、不吝啬、好助人的人总能在邻里之间、同事之间获得好名声。因为人们一般都乐意与这些热心肠的人相识相交。比如你帮正在上楼的邻居抬一把煤气罐，你就可以成为他家中的常客；替一个刚刚上车的旅客摆放好行李，你的旅途就多一个伙伴；为忙碌的同事沏一杯茶，你就会得到善意的回报。

最后，用温情暖化他人心中的坚冰。人们一般都认为，双方矛盾爆发之后的一段时间，是交际的冰点。但若此时你能主动做出一个与对方预期截然相反的善意举动，就会使对方在惊愕、感叹、佩服、敬意之中认同你，愿意与你交谈。交际的冰点就成了成功交际的切入点。

每个正常的普通人都会说话，但做一个优秀的交谈者，就需要掌握一定表达技巧。

首先，保持轻松的心情来交谈。

人只有在轻松自然的状态下，才能流畅而真诚地交谈。刻意地用别人的名言、警句来装饰自己的话语，只会让谈话变得生硬和干涩。当你不紧张的时候，你会发现自己也可以妙语连珠。

第二，丰富你的交谈内容。

每个人在谈话之初都可能只谈些既缺乏机智又毫无意义的事情。其实，这种短暂的交谈对于“使轮子转动起来”是必要的。一旦你不再担心自己是呆板的，你会发现，在许多情况下，你说的就是机智而有趣的事情。

第三，诱导别人说话。

一个出色的交谈者并不是从始至终总是说个不停，而是能保持谈话顺利进行，让对方产生向你倾诉的愿望，这不需要你的经历有多么丰富，或者口才多好，能启发别人眉飞色舞地讲下去，才算是把交谈升华成为艺术。

第四，交谈时要善于把握对方的心理，使话题向对方期望的方向进行。

如果能明了对方的所思所想，要把话说到对方的心坎上，对方必定会乐于与你交谈；否则，对方会对你说的话无动于衷，甚至感到倦怠。

最后，尽量避免以自我为中心。

经常提到自己的事情，这是普通人通常的谈话表现，因为人们总是对和自己有关的事情感兴趣，但这并不是最好的谈话方式，它会让对方感觉到自己被忽视了，从而对说话的人也产生抵触心理，这时对方就很难再有兴致与交谈者继续谈下去了。

第十一章

拥有卓越口才，巧做“及时雨”

巧妙运用“流星战术”转移话题化解尴尬

现场的气氛变得紧张，容易导致争执和僵局的出现，这不利于交流。当你发现气氛趋于紧张的时候，就要注意了。若能采取一些恰当的手段，便能够缓和气氛，打破僵局，推动交谈继续进行下去。

有一种“流星战术”，自古以来一直为人们所运用，可以达到缓和气氛、打破僵局的目的。何谓“流星战术”？其实就是转换话题、转移视线，以缓和气氛、化解尴尬。为什么叫作“流星战术”呢？这是因为人们在转移别人的注意力时，经常会突然手指天空，高声大叫：“啊！你看，那是流星呀！”

这么一说，你应该就明白了，事实上，你也许会经常使用这一招。尤其是在遇到不太妙的状况时，通过话题的转换，引导他人转移视线，从而化解尴尬。

有位母亲带着三岁的孩子去逛百货商场，忽然，孩子叫嚷了起来。原来孩子看中了一个玩具车，非要母亲买下来不可。母亲正被纠缠得无可奈何，忽然灵机一动，说道：“嘿！你看那是什么东西，是不是大力士呀？”

孩子立刻停止哭闹，朝着母亲所指的方向看去，然后就让母亲乖乖地抱走了。

如果你的孩子哭得无法遏制，你又怕哭声干扰别人，就可以适当运用这种战术，很快就可以将孩子的哭声止住。

当然，这种“流星战术”的对象并不仅仅限于小孩，在一些紧要关头采取这种做法往往也会奏效。

比如，某公司的经理在解决劳资纠纷时，对方来势汹汹要经理当场拍板，经理却不做正面回答，反而从容镇定地说：“嘿，你的声音不错嘛！很适合当歌星。”

这样一来，紧张的气氛一扫而光，同时也削弱了发言者的气焰，这就是“流星战术”的效果。

前段时间，张老师所在学校的教导主任退休了。张老师是最有希望接任教导主任这一职务的，要知道张老师已经连续五年当选为校级模范教师。

可是，一个多月过去了，没有任何任命。张老师找到校长，暗示了几回，校长仍然没有任何表示。张老师和妻子决定请校长吃饭，顺便探听虚实。

席间，校长顾左右而言他，就是不提选拔教导主任的事情。张老师有些急了，对校长说：“校长，李主任退休那么久了，教导处那边总该有个人担着，校长您一人担两职，实在辛苦，这不是长久之计啊！”

校长笑了一笑，说：“这个事情啊，校领导一直在开会讨论，可咱们学校实在是人才济济，还得从长计议啊！”

“可是，按照资格来说……再说，这选谁还不是校长您说了算嘛！”张老师有些不满校长的话，直接用话挤对校长。

结果校长一听这话，立马变了脸色，正要开口斥责张老师。

这个时候，张老师的妻子看出气氛不对，当即说道：“哎哟，真是的，你们男人怎么吃饭也离不开公事啊！今天咱们就是吃饭，不谈公事啊！赶紧吃菜，老张，快给校长满上。”

张老师明白妻子的暗示，立刻给校长斟酒。接下来，张老师和校长谈论了学校里的一些事情，中间不免有气氛紧张的时候，好在张老师的妻子每次都能在关键时以敬酒为名，避免俩人起争执。

最后，校长表示这顿饭吃得很愉快，并感谢张老师夫妇的款待。

张老师的妻子无疑是一个有智慧的人，她能够敏锐地察觉现场气氛的变化，同时能够适时地采取“流星战术”转换话题，缓和紧张气氛，为双方的沟通创造更加良好的氛围。

在交际场合中，如果某个较为严肃、敏感的问题弄得交谈双方剑拔弩张，甚至阻碍交谈顺利进行，我们也可以使用“流星战术”，暂时回避一下，以达到避开尴尬的目的。

一天，小金正在伏案写报告的时候，同事“洪大炮”却在对面唾沫横飞地说长道短：“哎，我说小金啊，你知道吗？咱们部门那个新主任的人选已经定了，就是刚来的那个 MBA。嘿，你说说，他凭什么呀？小金，你一个本科生加上四年的工作经验还不敌他一个刚毕业的 MBA？这都是什么世道啊？我都替你不值啊！”

然而小金没有表现出丝毫惊讶或激动，连头也没有抬一下，只是漫不经心地说道：“是吗？那我得先谢谢你了，给我提了个醒，老洪，你是一个仗义的人。哎，看来我还得继续努力工作呀，让人家后来居上，我的老脸往哪儿搁呀？你说是不是？”

说到这里，小金突然问：“啊，对了，老洪，昨天我要的那份资料你弄得怎么样了？”

“洪大炮”明显愣了愣，然后才说道：“哦，你等一下，我马上给你找去。”说着，转身出门去了。

在上面这个例子中，小金通过转移话题的方式，轻易便避过了敏感问题的讨论。在现实生活中，我们难免会遇到像“洪大炮”这样的人，他们专门以传播小道消息来拉拢人。和这种人打交道，若你直接堵对方的嘴，对方可能会觉得不高兴，甚至会觉得你瞧不起他。得罪了这样的人，难免就会遇到一些麻烦。

这样的人要是抓到你的小辫子，制造一点不利于你的流言，即便没有大碍，也难免会影响心情。怎么办呢？你可以对他所说的内容假装糊涂，充耳不闻，但表面上做出对他个人很买账的姿态，哄他开心，再把话题岔开就可以了。

我们与人交谈，不慎说到尴尬话题，也会经常使用换话题这一招，比如，“哦，今天我们不谈公事”“不说这个了”，这种岔开话题的方式其实不太好，因为不够自然，是一种生硬的拒绝方式。如果你打算岔开话题，最好不要使用提醒式的话，否则会让人感觉不太好。尝试使用我们本篇中提到的“流星战术”，可以很好地回避尴尬问题。

照顾别人的颜面，巧妙打圆场帮助他人摆脱窘境

什么样的人最得朋友的欢心呢？这个问题不好回答，但如果一定要说出个所以然，那么应该是那些懂得维护朋友尊严的人吧。他们从来不做拆台的事情，乐于助人，在关键的时候，他们能够帮人撑住场面，而在尴尬的时候，他们又能够及时出现，为人解围。

田先生出席朋友的小宴会时发现，朋友请了十个人才要三瓶酒。他知道十个人五道菜起码得有五瓶酒，因此他心中琢磨朋友必定是手头不宽裕。

明白过来后，他不露声色，向朋友请缨为大家斟酒。结果，五道菜上完，大家的酒杯还是满的。朋友觉得有面子，非常感激田先生给他圆了场，与田先生的关系越来越好。

田先生要让朋友“出洋相”简直太容易了，如果他性格直爽，不懂得其中的奥妙，往往就会脱口而出“这些酒哪够啊”。这样的情况在生活当中很常见，但是这样的话一说出来，朋友心里肯定会不舒服。

除了维护朋友的尊严，有的时候，还要给朋友长脸，不要让别人感觉掉价。张女士买了一件衣服，陈小姐看见了，赞道：“哇，张姐，你穿上这衣服显得好精神啊！新买的，花了不少钱吧？”张女士开心笑道：“呵呵，你猜。”

陈小姐了解市场行情，知道这衣服两三百元完全能够买得下来，但她没有直接说出来，而是猜测道：“这是现在的时尚流行款，料子也很不错，至少得花四五百元吧？”张女士一听更加高兴，笑得两只眼睛眯成一条缝，道：“你没想到吧，我才花两百元就买下来了！”陈小姐大拇指一翘：“嗨，张姐，你行啊！

下次我买衣服，找你帮我砍砍价。”张女士笑着说：“没问题。”

陈小姐的说话方式是很值得学习的，她故意把衣服的价格说得高一些，从而令对方产生成就感，当然会使对方高兴。这样说话，实际上就是捧场，自然让人开心。

相反，如果陈小姐说：“这种衣服也就二三百元。”你想想张女士心里会是什么感受？如果她比较和善，她会想：难道我的眼光不行？如果她的情绪比较烦躁，或许她就会说：“你这人也太没眼光了。”总之，她绝对不会如此高兴，心里还可能会产生一些疙瘩。这样一来，人际关系也就不会和谐了。

而陈小姐三言两语，说得张女士开心不已，这就是因为陈小姐深明人情世故。人都希望自己的脸面有光，担心掉价。如果你想让一个人高兴，并想与之和睦相处，就应该尽可能地给他捧场。

有人觉得这是投其所好的世故奉承，因而不屑为之。然而，他们却没有想到，我们这样做的出发点是光明正大的。给人捧场，无论是对自己、对对方，还是对社会，都是没有害处的。相反，这种人际互动技巧往往能给对方、给社会带来欢乐。

面对一位三十多岁的女人，你说她看上去只有二十多岁；面对一个六十多岁的老人，你说他看上去只有四五十岁。这种“美丽的错误”，对方是不会认为你缺乏眼力，更不会对你反感，相反，对方会对你产生好感，形成心理上的相容。如此，你又何乐而不为呢？而且，这样做能够让人获得美好的心情，又没有任何妨害他人之处。对于这样的“美丽的错误”与“无害的阴谋”，我们多说一些又有何妨呢？

照顾别人的颜面，这是为人处事应该学习的。懂一些人情世故，照顾一下别人的面子，会让你的人际关系更加和谐，也能让社会少一些矛盾冲突，多一些和气。

场面上的事情，总是要做得妥帖一点，光彩一点。这也是对别人的一种尊重。你希望别人怎样对待你，你就应该怎样对待别人。你维护别人的尊严，别人也会在意你的尊严。照顾他人的尊严，不忽略他人的感受，能于不动声色中帮助他人摆脱窘境。这样的人又怎么可能不得人心呢？

相反，你若是不懂其中的奥妙，话说不美，不仅不能圆场，还很容易造成尴尬。有的人请客吃饭，进门就问：“今天有什么特价菜啊？”弄得一旁随同前来的客人直皱眉，客人心里想：“难道说在他心目中，我是那种只配吃特价菜的人？还是说，他原本就是一个贪小便宜、目光短浅，又毫无生活质量的人？看来我得重新考虑跟他合作的事情了。”

提倡勤俭节约，拒绝铺张浪费是一贯主张的原则。但是，这需要讲究技巧，而不宜大张旗鼓地表现出来，或是让对方察觉出来，否则就成了小气、吝啬的表现，这将直接影响对方对你的看法，甚至会打消对方与你交往的想法。这可就因小失大、得不偿失了。

维护他人的自尊，实际上也是给自己一个台阶。如果你想获得他人的尊重，让彼此的关系更融洽，就要懂得照顾他人的感受，在对方遇到尴尬局面的时候，要能想方设法维护对方的尊严，帮人圆场，摆脱窘境。

处事灵活，化干戈为玉帛皆大欢喜

有个男子到小吃店要了一碗面，由于面的鲜味刺激了他的呼吸道，随着“阿嚏”一声，面没有吞进肚里，却被这突如其来的喷嚏喷到对面一位顾客的面碗里。

那位顾客见此顿时大怒，他“呼”一下站了起来，一拍桌子，喝道：“没长眼睛啊，你朝哪儿喷呢？”

这名男子也愣了，他缓过神来，转头就冲伙计喊：“我告诉你不要放辣椒的，你干吗在里边放辣椒？你瞧瞧，现在可怎么办？你赔我的面钱，我要赔人家的面钱！”

伙计很委屈，争辩道：“面里没有放辣椒。”周围的顾客都看了过来，眼看这三个人就要闹起来了。

老板见势不妙，赶紧跑过来，打圆场道：“太抱歉了，是我们服务不周。”说着，又朝厨房喊道：“再下两碗面，面钱免啦。只有大家和气，才能生财嘛！”面对老板真诚的笑脸和诚恳的态度，两位顾客实在不好意思发作，只好接受。

如果老板这个时候不照顾这两位顾客的感受，试图用讲道理的手段，让他们分出是非黑白，只怕这生意就不必做了。相反，他及时地圆场，照顾了顾客的感受和面子，这件事情才得到了圆满的解决。

与人相处，要学会说好话、打圆场，帮助别人消除不良情绪。在当事人十分懊恼或不快的时候，有时旁人说几句得体的话，便能够消除矛盾，获得圆满结局。

清朝名臣张之洞任湖北总督时，适逢新春佳节，抚军谭继询为了讨好张之洞，设宴招待他。不料，席间谭继询与张之洞因长江的宽度争论不休。谭继询说是五里三，张之洞认为是七里，俩人各持己见，互不相让。

眼见气氛紧张，谁也不敢出来相劝。这时位列末座的江夏知县陈树屏说："水涨七里三，水落五里三，两位大人说的都对。"这句话给两个人解了围，他们都捬掌大笑，并赏陈树屏二十锭纹银。

作为下属的陈树屏，能够调解上司间的纠纷，可谓智慧，其巧妙且得体的言辞，既解了围又使双方都有面子。他的说话方法就充分考虑了听者的心理。众所周知，对一件事情的描述，每个人都会有不同的表达方式。对于话语含义的微妙差异，在说话时应该付出的热诚程度等，都是需要下一番工夫的。

有时交谈的重点会在我们轻松得体的话语中明显地表达出来，还有的时候，我们心平气和地与人说话，也会给对方留下深刻的印象。

成功地打圆场，能让一方摆脱尴尬，一方转怨为喜，最终皆大欢喜。当然，要想圆满地解决矛盾，还需要机智灵活、随机应变，不仅要说得巧妙，更要说得得体。

若你是一位领导，对于下属之间的纠纷，有时只要主动地承担责任，就可以化解双方的矛盾。

小李和老宋在同一间办公室工作。一次，小李去市政府听报告，老宋不知道，因此对小李很有意见，当面质问小李为什么不告诉他听报告的信息，两个人因此大吵起来。

彭主任了解他们吵架的原因后，对老宋说："听报告没有通知你，这不是小李的错，是我没有要他通知你，因为你们两个人有一个人去听报告就行了。你如果有意见就对我提吧，不要责怪小李啊。"

老宋听后，觉得自己错了，于是主动向小李致歉，他们又和好如初。

世上没有劝不开的架，没有解不开的死疙瘩，人生也没有过不去的坎。有人对打圆场不以为意，甚至心存厌恶，认为打圆场就是耍滑头、和稀泥，这是错误的认识。千万不要小瞧打圆场的作用。

打圆场，目的是消除彼此的误会，缔造和谐与平衡的人际关系。这也是有智慧的人希望获得的结果。

善于打圆场的人，能够整合周遭环境中迥然不同的事物，不仅能够调解组织内的纷争，维持组织的稳定团结，还能够劝合一个分裂家庭，抚平朋友之间的嫌隙。由此可见，和事佬往往有着搭起人与人之间沟通桥梁的重要作用。因此，打圆场是一门非同一般的艺术。

做人应该学一些打圆场的技巧，这将会帮助你改善人际关系。因为与人交往时，不可避免地会遇到一些容易让别人和自己感到难堪的场面，比如指责、批评、拒绝等。这个时候是对一个人为人处世能力的检验，凡在类似的场合能够打圆场者，一般说来，肯定是会为人处世的人。反之，则应该进行一番自我反省。

插话要看时机，随意打断他人的发言惹人反感

周小姐应邀参加一个朋友举办的生日酒会，在酒会上她看见一位她很仰慕的著名专栏作家。她整理好自己的仪容，拿着一杯酒准备过去向专栏作家介绍一下自己。

但是这位作家被一群人包围着，周小姐根本不可能靠近她。她只有站在不远处，等待这群人慢慢地散去。过了一段时间，周小姐终于等到了一个机会，此时作家正在和几个人聊着什么。

周小姐来到他们中间，忙着向作家介绍自己。她这样一介绍，就打断了作家和那些人的谈话，但是周小姐并没有看见大家不悦的表情，她急着要把自己对作家的仰慕之情表达出来。

作家和她的朋友只能听着周小姐喋喋不休，没过几分钟，这些朋友只得无奈地纷纷走掉了，只留下作家和周小姐。

周小姐终于结束了对自己的介绍，她以为自己在很短的时间里就能够和作家熟识，但是最后，作家只是跟她说："很高兴认识你。"周小姐感到很失望，她觉得是作家太傲慢了。

然而，她不知道的是，在别人谈话的时候，随随便便地打断人家，介绍自己，是一种很不礼貌的行为。试问，谁会喜欢一个在第一次见面就这样不礼貌、没分寸的人呢？

因此，在别人谈话兴致正浓的时候，不要打断对方美好的感觉。美好的感觉被打断，肯定会影响人的心情，让人失去平和的心态，导致尴尬的局面。

在一片绿茵茵的草地上，老师带着一群学生围坐成一圈。一个十四五岁的少年站在中央，正在满怀激情地朗诵诗歌：“让拥抱陆地的海洋 / 永远不失蓝色的梦幻吧 / 就像青春的童话……”

话音未落，就有几个学生嚷嚷起来：“读错了，读错了，是清纯，不是青春……”

被打断的少年非常害羞，脸红彤彤的，只好返回来重读，却没有了半分激情。刚刚酝酿起来的感情，就宛若一簇脆弱的小火苗，被轻易地打断扑灭了。

诗歌朗诵完毕，老师站起来点评：“他第一次朗诵得很好，虽然读错了一个词，但我要给他打九十分。第二次朗诵虽然没有读错字，但没有朗诵诗歌的激情，所以我只打六十分。”

周围的同学听了老师的话，一片哗然：“不公平！读错字了，怎么能给这么高的分呢？”老师说：“大家安静一下，接下来我要批评你们，在刚才第一次的诗歌朗诵的时候，你们不应该打断他！”老师指了指朗诵诗歌的少年。

众学生疑惑道：“为什么？他出错了，就应该帮他指出来啊！”老师点了点头，道：“没错，你们可以指出和帮他纠正错误，但为什么不能在他读完之后纠正呢？你们这样一打断，不仅是对他错误的指出，还是对他的努力和热情进行否定，导致他在第二次朗诵的时候，就没有了热情。朗诵诗歌没有了热情，又怎么可能有好的效果呢？”

学生们都陷入了思考。过了一会儿，老师接着说：“我们要尊重别人，在别人说话时，不要随意打断别人，给别人的心里添堵。将心比心，如果别人打断我们说话，我们的心里会好受吗？”

这位老师的教导可谓清楚明白，但是生活中偏偏就有很多人习惯于打断别人说话，而且他们毫不在意，甚至有不少人根本就没有意识到这是一种不礼貌的行为。

不要随意打断别人，尤其是在别人正商议某件非常重要的事情的时候，因为你的加入，他们无法集中思想继续谈下去，可能就会导致失败。

姜先生终于开始创业了，他开了一家贸易公司，准备大干一场。这一日，姜先生约了几位大客户到办公室里谈生意。聊得正开心时，姜先生的一个朋友走了进来。

这个朋友平时就大大咧咧，虽然来到了姜先生的公司，但他想这可是自己好朋友的地盘，而且他认为当了老板的姜先生也没有什么变化，依然是可以随意玩闹的朋友。

于是，这朋友一进办公室，就很随意地打断了几个人的谈话，插嘴说道："嗨，今天可真倒霉，我刚进地铁，就看到两个人在吵架……"

姜先生脸色一变，连忙给朋友使了个眼色，但朋友并没有注意到，依然说得津津有味。姜先生没有办法，只好直言告诉朋友："我们正在谈生意。"这时，这位朋友才意识到自己的不当行为，借口去洗手间，离开了办公室。

"刚才我们聊到哪里了？"几个人正准备继续话题，可就在这个时候，那个朋友又敲门走了进来。原来他觉得刚才的行为太过失礼，决定回来向人家道歉。他左一句"对不起"，右一句"抱歉"，几位客户连忙客套地说"没关系"，可一边的姜先生，脸色却越来越难看了。

果然，有位客户起身，对姜先生说："姜先生，很抱歉，我们不知道你今天约了朋友。我看你朋友的事情似乎很着急，你先和朋友聊吧，我们改天再来拜访。"

说完，几位客户都起身走了。而那个朋友仍在为自己的行为抱歉不已，却不知道此时的姜先生怒火中烧。

如果你遇到了姜先生这样的情况，你会欢迎打断他人讲话、胡乱插嘴的人吗？

当你看到你的朋友和你不认识的人聊得起劲时，可能也有参与进去的想法。这是可以理解的。但是如果在他人正说着的时候，不顾当事人的感受，不分场合，随便插话，这不仅扰乱了谈话人的思路，还会让对方心生不快，有时甚至会产生不必要的误会。假如你想要加入别人的谈话，最好先在旁边静静地听一会儿，然后找恰当的时机发表你的看法，而在说话之前，最好客气一点，征求别人的同意。

不作意气之争，无关得失的事情不要太计较

有个人喜欢象棋，自诩棋艺不凡，在一次同学聚会上，他与一个同学对弈。没想到那同学一开始就咄咄逼人，他知道对方是一个劲敌，便打起十二分精神进行比赛。

可是，无论他如何努力，依然不是那同学的对手。很快，他就输了一局。那同学说：“还来不来？”

他说：“为什么不来？再来！”这局他又败了。他不甘心，又下了两局。结果都是败局。

那同学哈哈大笑：“还来不？”

他向来着意于修养，胸襟开阔，但不知道为什么，这次却无法忍受这种刺激，说：“再来！”

比赛到后来，他竟然被逼得心神失常，冷汗直下。

同学见他焦急的神情，格外高兴，故意留一个破绽给他发现。他以为机会来了，立即进攻，期待转败为胜。

谁知，同学突然落下一子，哈哈大笑道：“将军！啧啧，你不是说自己下棋还行吗？这也叫行啊？我看水平也就一般吧！”

他再也受不了了，当即站起身来，转身离开。

而那位朋友始终没有意识到自己存在的问题，反而转身对别人说：“下棋而已，至于嘛，他这个人啊，就是输不起。”

后来，他从别人口中得知同学说的那句话，心中更是恼恨。俩人就此形同陌路。

生活里有些人喜欢赢，爱较真，结果给人的感觉很不好。比如下棋，有的人

会一口气赢对方十几局，在对方已经抬不起头、涨红脸的时候，还一个劲儿地喊“将军”。其实，作为一种娱乐活动，也不是正式比赛，对输赢本不用那么较真。不然它本身的娱乐性就不存在了，剩下的只是火药味。

不要说别人心眼小，也不要说别人输不起。事实上，这个世界上输得起的人真不太多，甚至可以说根本没有。人们可以淡定地面对自己的败局，但是没有几个人能够淡定地面对一次又一次的败局。

失败一次，你认了；失败两次，你忍了；失败三四次，你还可以安慰自己：“没关系，失败乃成功之母，我再接再厉，一定会赢的。”但是失败接二连三，你就会指着头顶的天空大骂：“为什么受伤的总是我！”

如果你总是赢，而把输扔给你的朋友，那么场面一定会越来越尴尬。不要说别人的胸怀不够宽广，事实上你的气量也不大。如果够大，你好歹也让别人赢一局啊，可是你没有。于是，尴尬了。

所以，告诉你这样一个道理：在无关得失之争中，让一步，即便不为讨对方的欢心，至少别伤害对方的自尊。这样做，对你多少会有一点好处吧。

宋太宗很喜欢下围棋，棋艺水平也不错，他经常与宫里的待诏们下棋。宫里有一个叫贾玄的待诏，是一个围棋奇才。在没有入宫之前，贾玄每弈必胜。不过，进宫之后，他就很少胜了。

贾玄深知，在宫里的那些有权有势的人专横跋扈惯了，都有极强的好胜心，即便是弈棋，如果输得没了面子，也会恼羞成怒。因此，他很少去赢别人，尤其是和皇帝弈棋时，每次都输。

贾玄把握得很好，既不赢宋太宗，又不让宋太宗赢得太多。这让宋太宗很高兴。

但是，时间长了，宋太宗产生了怀疑，他对贾玄说：“我听人说你的棋艺天下第一，为什么你会盘盘输给我？”

贾玄说：“陛下棋艺高超，取胜不足为奇。愚臣全力以赴，争取不再输棋。”

结果，二人再下一盘，贾玄没有输棋，但却是一局和棋。宋太宗有些哭笑不得，但又毫无办法，便故意生气地对贾玄说：“再下一盘，如果你赢了，我重重赏你，但如果你输了，我把你投到护城河中去。”贾玄点头称是。

可是棋下完，一数子，竟又是一盘和棋。宋太宗哑然失笑，道：“国手不愧为国手！竟然可以做到这样。”

贾玄总是输棋，表面上看，有拍马屁之嫌，但是实际上国手的傲气却在委婉中显露了出来——他想和棋就可以和棋。能够掌控棋局到如此地步的人，又岂能不令人佩服？即便皇帝也只有叹服而已。

对于一些无关紧要的意气之争，应该抱以宽容之心，以退让为要。就比如在那些娱乐性质的比赛上，根本不必太较真，即使对方技术比不过你，你也得让对方获得胜利，这样做可以避免尴尬。但又不能明显地让步，那样会让对方觉得你是看不起他。若能恰到好处地让步，既能让人感受到尊重，也能领会到你的高明，还能避免尴尬的场面，那真可谓一举数得，岂不美哉？

学会没话找话的技巧，打破冷场的尴尬局面

很多人都不知道要说服对方时该如何开口，尤其是当谈话的对象是陌生人，或是不怎么熟悉的人，或是沉默寡言的人时，谈话就很容易陷入冷场，气氛也可能变僵。

例如，当你想去要求某人办事时，如果一下子就单刀直入地说："请问××在吗？我要他帮我去做件事。"这样不但会显得硬邦邦，而且可能会使对方产生心理上的距离，对方就不一定会如你所愿，帮你办事。

最好的方法是在聊聊天气、当天的新闻、个人兴趣爱好之类的话题之后再切入主题。这一点可以向一些主持人学习，他们在任何场合都能想办法使气氛活跃起来。

例如，在参加宴会时，几个不认识的人坐在一起，气氛难免会有点尴尬，如果有人能主动打开话匣子，不仅能让气氛活跃，还能让宴会有趣许多，而且，能拉近彼此之间的距离，说不定还能谈成一笔生意。有很多推销员就是利用这种宴会结交朋友和促成交易的。

可以用来打开交谈之门的话题可以说是数不胜数。天气永远是打开交谈之门不可或缺和绝对安全的话题，尤其是在你对交谈对象毫不了解的情况下，如"这段时间为什么老是下雨""天气总这样热，真让人受不了"等。

小孩和动物也是很好的素材，因为绝大多数人都是喜欢小孩和动物的。一旦你得知你面前的这个人有小孩或者养了宠物，你便可以用小孩或宠物的话题跟他极为轻松愉快地交谈起来。此外，中国人的"传统话题"也可以派上用场，比如："您的老家在哪里？""您贵姓？"这类问话基本上不会让人觉得失礼。

当然，最好的打开话题的方法还是谈论对方熟悉的东西，因此需要事先了解对方的职业、地位、人品，并在某种程度上做一下调查，如此即使是初次见面，也能够配合对方的话题发挥。

如果你有机会到某人的家中或办公室，室内的一些陈设可能会使主人津津乐道。很多人会在桌子上摆放照片，照片上显示的背景便为我们提供了打开话匣了的素材，我们可以询问主人外出旅行的经历。对于墙上的挂画，我们可以向主人表示对这些画的兴趣。

和对方聊一些私事，是和陌生人拉近距离的一个很好的方法。因为每个人在告诉别人关于自己的事时，就等于在向对方敞开心扉。例如：“我喜欢去钓鱼，您有什么爱好呢？”

像这样率先向对方“表白”自己的情况，对方也会乐于谈谈自己的情况。如果对自己的事一概不谈，只一味地刺探对方，“你家住哪里？假日都做些什么？有几个小孩？”这会让人感觉像在被警察审讯一样，进而对你产生排斥心理，自然懒得和你说话，当然也就无法继续谈话。

如果谈话双方拥有共同的兴趣，话题就可以在这种兴趣上展开。例如，如果知道对方对钓鱼也有兴趣，则不妨向对方请教：“你经常去哪里钓鱼？”“哪种鱼饵是最有效的？”

人们在谈到自己的经验时，一定会满面春风。因此，对于这类问题，对方一般会很乐意告诉你，你也可以趁机与对方“套近乎”，拉近彼此之间的距离，为接下来的说服工作做铺垫。

在选择话题时还要注意以下两点：

第一，话题内容要有可信度。如果将电视、报纸上的情报“挪为私用”，应该正确地记住日期、场所、名称、数量、前后关系等要素，以便增加内容的可靠性。如果是道听途说的内容，一定要亲自翻阅当时的报纸来验证，绝对不可口说无凭。

第二，话题内容要有益。听众最有兴趣的就是“对自己有用的情报”。举凡有关新技术、新技法、新产品的说明，与赚钱有关的内容，特别的经验、技术指导、人生警示之类的话题都属于这类“有益的情报”。

在谈话过程中，遇到冷场的情况，若不能主动寻找话题，则很容易造成尴尬的场面。特别是不太熟悉的男女待在一起时，若没有人主动攀谈，寻找话题，冷场的概率会非常大。聪明的谈话者，会率先抛出话题，打破僵局，化解尴尬。事实上，主动地没话找话说，会使人感受到你的热情。而且，在某种程度上，没话找话说，更是一种有礼貌的表现。毕竟，冷落他人是很失礼的行为。

失意的人需要同情与安慰，不要在失意的人面前炫耀

有一次，老梁约了几个朋友来家里吃饭，这些朋友彼此间都很熟悉。老梁把他们聚在一起主要是想借着热闹的气氛，让心情不佳的老洪放松一下。

因为经营不善，在不久之前，老洪的公司破产了，他的妻子也因为不堪生活的重压，正与他闹离婚。内外交困之下，他感到很难受。

大家都知道老洪目前的遭遇，因此都不约而同地避免谈及与事业有关的事。可是爱喝酒的老肖没能管住自己，几杯酒下肚，就开始大谈自己的风光。

因为老肖那阵子正好赚了不少钱，于是他就显摆起自己赚钱的本领，并不断地对老洪说：“老洪，亏那点钱算什么呢？跟我混，不用半年，保证全赚回来。”

老肖一边说话，一边拍着胸脯，那得意的神情，别说失意的老洪看了不舒服，其他的人也看不过眼。

结果闹得大伙儿都很尴尬，话题明显越来越少，只听老肖高谈阔论。老洪更是低头不语，脸色非常难看，一会儿说去上厕所，一会儿说去打电话。

后来大家都早早散了，老梁送老洪出门，在门口，老洪忍不住愤愤地说：“赚钱多很了不起吗？这么得意干什么？”

在失意之人面前说自己的得意，这是不懂人心的做法。现在有些人就是不懂礼节，好像就怕别人和自己的关系太好，拼命地用自己的得意去衬托别人的失意。

老肖或者真的有心帮助老洪走出困境，但是我们必须清楚一点：人们做事能否成功，往往并不取决于动机是否正确，而是取决于方法是否恰到好处。

比如别人事业失败，跟你诉苦。与其以成功者的姿态来指导，不如告诉他，

你当年跌得比他更惨，是一点一点又做起来的。于是他明白了“失败是成功之母”，便鼓足干劲，以图东山再起，相信他日一定会如你一样成功。

当然，你所说的可能不一定真实。但你必须知道，他人向你诉说自己的失意之事，只是想从你口中得到一番安慰。所以你讲一点自己的“失意之事”，让他们从你的身上看到自己还有“得意”的机会，就算说一些善意的谎言又何妨呢？

然而老肖当时完全没有顾及这些，他的张扬和得意，让老洪更加不好受。这到底是帮人，还是损人呢？

我们不妨扪心自问，自己失意之时，若他人在我们面前大谈他的得意之事，我们的感受会怎样呢？

当你有了得意之事，不管是升了官，发了财，还是一切都觉得顺利的时候，都不应该在失意人面前高谈阔论，要体谅他们的心情。处于失意之中的人，对一切都很敏感，即使你是无心之语，也有可能会伤害了对方的自尊。

总的来说，我们在叙说的时候，要注意面前对象的心情。

假如你和得意的人谈失意的事，对方可能会应付你，很少会表示真实同情，甚至对方还有可能会误会，以为你是要请他帮忙，这样一来，他很可能就会预先带着防备心与你交流，而无法长谈。

假如你和失意的人谈得意的事，这是不懂人心、不知趣的做法，对方会觉得你简直是在挖苦他、讥讽他，他对你的印象就会变差。

因此，如果你要诉苦，不妨找处境相似的人，同病才会相怜，同是天涯沦落人，彼此理解，这样才能得到精神上的安慰。

同样，如果你人生得意，则要找同样得意的朋友，一起出去庆贺。这样彼此才能玩得愉快自在，而不必担心出现话不投机的尴尬。有得意的事情应该和得意之人去谈，这样才志同道合。千万不要找失意之人诉说和分享你的得意。

你事业有成，当然是值得庆贺的事，但这种庆贺要适可而止，尤其不要在失意之人面前显摆，以免造成尴尬的局面。因为你的张扬，会引起失意之人的心理失衡；你的得意，会激起失意之人的怨恨。故而面对失意的朋友，要更加低调一些，这样才能融入朋友圈子中，不至于让朋友们难受。

第十二章

拥有卓越口才，倾听是掌握沟通术的表现

倾听对形成良好沟通习惯影响重大，善于沟通的人都善于倾听

倾听是接收口头和非语言的信息、确定其含义和对此做出反应的过程。倾听对形成良好沟通的影响重大。用十秒钟时间讲，用十分钟时间听。只有善于倾听，我们才能了解对方，才能成为真正的沟通高手。

倾听，是与人进行有效沟通的必要技巧之一。想要让自己善于沟通，并让他人信赖自己，愿意与自己交流，最简单的方法莫过于认真倾听。

事实证明，世界上最厉害的处世高手，最常用的方法也不过是倾听他人说话。倾听不仅是对他人的关注与尊重，也是成功引起他人对我们兴趣的开始，它在双方的对话中占有非常重要的地位。如果我们想要成为善于沟通的人，首先要学会去做一个善于倾听的人。

1927 年，墨西哥战乱不断，政府也频频更迭。时任美国总统柯立芝在这一年派德怀特·莫罗去往墨西哥担任驻墨西哥美国大使。

所有人都知道，这个大使不好做，危险系数很高，一个不小心，就有可能出现生命危险。

德怀特·莫罗是个沟通达人，非常清楚自己的处境，认为最安全也最保险的方法就是赢得墨西哥总统的好感。毕竟，只有墨西哥当局加强对使馆的保护，使馆内的工作人员才会有安全保障。于是，德怀特·莫罗准备与墨西哥总统卡列斯进行沟通，以增强他对自己的好感。

可是，德怀特·莫罗对墨西哥文化了解不多，与卡列斯也是第一次见面。如何沟通才能给对方留下好印象，并成功增强好感呢？思来想去，德怀特·莫罗认

为，最好的方法莫过于对他人的尊重。

于是，在卡列斯接待时，德怀特·莫罗表现出非常虔诚的尊重：由始至终，他都不大声发言，却聚精会神倾听总统说话。

在卡列斯发言时，德怀特·莫罗静静地看着他，并恰当地点头、微笑，以表达自己已经听懂了他的意思。而当卡列斯让人送上饼干、雪茄等食用品时，德怀特·莫罗仅用极短的几句话对其进行赞美。

果然，会见结束之后，卡列斯对德怀特·莫罗的印象非常好，说他是一个懂得积极倾听别人的人，而且不张扬，又稳重。果然，他从此对这位美国大使格外关照有加。

很多时候，人际关系的失败不是因为我们说了什么，而是我们错过了什么——因为缺乏积极有效的倾听，所以不了解沟通中的问题症结所在。这就导致沟通双方之间的误解、冲突加深，从而加大沟通难度。

有人说，当你对他人感兴趣的时候，才能引起他人对你的兴趣。倾听就是这样，我们在他人面前滔滔不绝，完全不听他人的声音，也就关闭了他人对我们的兴趣。所以，一个善于沟通的人，绝对不能因为不善于倾听而错失沟通良机。

汽车推销大王乔·吉拉德说过："世界上有两种力量非常伟大，其一是倾听，其二是微笑。"我们若能在沟通中，保持微笑，积极倾听，便可以成为最好的沟通者，成为他人感兴趣的沟通者。自然，我们也会因此而成就沟通，使自己成为善于沟通的人。

当然，想要成为合格的倾听者，需要掌握一定的技巧。以下几个方面，是每一个渴望成为善于倾听的沟通者有益的借鉴：

1. 良好的神态非常必要。听别人讲话时，应该眼睛保持与谈话者有所接触，双眼以经常性目视对方鼻梁为宜，不可以看的时间太长，以免引起对方的不安。专心倾听的同时，要积极调动大脑思维，切忌精力不足，无精打采。这只会让对方感觉自己说的很无聊，体现不出应有的尊重。

2. 面部表情要跟上。倾听他人的谈话，不能永远只保持一个表情，应该根据对方的谈话内容做出相应的反应，比如听到有趣的地方，适当微笑；听到不适的地方，皱眉表达内心感受等。表情是一个人最丰富的语言表达，只有会运用表情的人，才更有利于沟通。

3. 及时回馈要适度。倾听就是为了让沟通更顺利，而沟通则是为了获取对方有效信息。所以适度的提问，情绪、感受表达也很有必要。但不能过于累赘，否则，当谈话者无法再继续自己的讲述时，沟通的有效性也就被关闭了。

4. 肢体语言恰到好处。倾听不应反馈出敷衍的态度，比如一边听对方说话，一边自己小动作不断，眼睛还不时东看西瞄，这都给人一种敷衍、忍受的感觉，很不利于沟通。但如果能时而手托面部，时而前倾身体，时而点头称是，则给人积极、肯定、鼓励的感受，从而促使沟通更加顺畅。

5. 无声胜有声。倾听就是闭上自己的嘴，听对方说话。如果我们为了显示自己在听对方说话，总是打断对方，那就起不到倾听的作用了，相反给人一种抢风头的感受。适度的沉默，辅以相应的肢体语言，哪怕没有声音，也可以获得最佳的倾听效果。

总之，想要成为善于沟通的人，一定要善于倾听。而善于倾听者，必须要调动面部、肢体、语言等各种技巧，来充分显示倾听的积极性。如此，谈话者才不会忘记倾听的我们，才会对我们更有兴趣。

用心听对方说什么，你才知道该说什么

古语说：“听君一席话，胜读十年书。”人类虽然长于说教，但用心倾听才更重要。因为用心倾听是一种平等而开放的交流态度，是一种对他人发现、欣赏的赞美，可以让说话者从中感受到来自倾听者的尊重与虔诚，从而放开自我内心的防备与抵触，将心里想的、目标所在“和盘托出”，这时，我们也就知道了如何开口，如何与对方沟通。成功人士之所以认为，想要成为善于沟通的人，能言善辩倒不如洗耳恭听，也就是这个原因。

苏菲亚是法国一个小镇上的服装设计师。她经营的服装定制店在当地非常受欢迎。她的顾客都说：“与苏菲亚交流完全不费力气，只要简单说几句，她就可以明白无误地知道你的意思，并恰到好处地替你讲出来。”

当好朋友问苏菲亚为什么会这么厉害时，她却笑了，说：“有人告诉我，一定要先听别人说什么，然后再开口。”

朋友非常不解，说：“这是什么意思呢？”

于是，苏菲亚给朋友讲起故事来。

那是苏菲亚开店不久时发生的一件事。

当时，她正在为一位白发女士量尺寸，一位先生拿着一套西装气势汹汹地走进店来，说：“你们店用的是什么面料，这西装掉色严重！”

因为当时店里有顾客，苏菲亚当然要极力维护自己店的声誉，说：“这怎么可能呢！先生，你肯定搞错了，我们店的面料是不会褪色的。”

没想到，苏菲亚的话让那位先生非常生气，直接与她吵了起来。

在两个人吵得不可开交时，一边的白发女士站起来，微笑着对那位先生说：“先

生，您别生气，这是我女儿。她年轻不懂事。请您告诉我发生了什么事好吗？”

当时，苏菲亚被那位白发女士的话惊呆了：她可不认识这位女士，怎么就成为自己的母亲呢？

可那位先生并不介意她是谁，便从头到尾讲了关于西装的事。

他讲了大约十几分钟，不仅有抱怨，也有发泄。白发女士一直安静地听着，还非常善解人意地给他端上一杯咖啡。等到他停下来，白发女士才说：“真是非常不好意思，店里在进每一批面料的时候，也不能完全知道会出现什么情况。现在，我想听听您的意见，我们按照您的意思处理，可以吗？”

听了白发女士的话，那位先生似乎有些不好意思，说：“其实，我就是想说，你们店里不能想办法不让西装掉色吗？”

白发女士听完便笑了：“先生，有些面料因为特别的加工问题，在第一次清洗都会掉一点颜色，我看您的西装就是这种，您能不能再试穿几天，如果到时还会褪色，我们会无条件给您退货，您看可以吗？”

那位先生听完，满意地回去了。苏菲亚这才反应过来，不知如何是好。白发女士却非常慈祥地说：“在你解决问题的时候，应该先听明白顾客说的是什么，否则，你们只会越吵越凶。你记住，用心听别人说话是一件有意义的事，它能让你知道自己应该说什么才是正确的。”

确实，那位先生并没有退掉西装的想法。他回去试穿一周后，西装面料停止了掉色。他不但没有再提过这件事，而且还成为店里的常客。

从那时起，苏菲亚便学会了用心听别人说话，用心与顾客沟通。

很多时候，人们总将沟通看作争夺利益的对峙过程，你来我往，互不相让。但事实是，这种做法很容易误解别人的意思。良好沟通应该是以对方为焦点的。这样我们才能站在对方的立场上，理解对方的情绪，明白对方想要的结果，从而有的放矢的解决问题。如果我们只一味地强势，与对方一争输赢，不但最后达不成沟通，两个人还可能从此成为仇人——这显然并不是善于沟通者所做的事。

大多数人都认为，在沟通中，只听不说是件浪费时间的事。其实不然，用心倾听他人说话有两个目的。

第一个目的是从对方的话语中吸收有效信息。这是沟通的重点所在，当我们不了解对方的时候，沟通起来必定容易找不准话题。但用心倾听对方说话后，则有助于我们轻松切入有效话题。当对方在表达自己的意见时，总会不自觉地将自己的认知、感受、见解甚至是教育背景、学识、身份、年龄等等问题暴露出来。

第二个目的，用心倾听别人的话，能增进自我说话经验。因为用心倾听别人时，我们就会暂时淡出自我谈话架构，从而进入对方的经验世界。这是用心感受对方的方式，不但对方可以得到尊重，我们也能从倾听中更加了解哪些话可以让对方易于接受、能够认同等。所以，用心倾听是一个学习、组建自我沟通架构的好机会，想要成为善于沟通的人，是绝对不能错过这个机会的。

谁都喜欢有个倾听者，但不喜欢有个大喇叭

人们似乎一直都乐于充分倾诉自己，而不愿听他人说话。一旦有让自己说话的机会，就会完全忘却他人的存在，从而尽情表达自我心声。这种现象对于想要成为善于沟通者的人来说，绝对是一个大忌讳。因为现实生活中，人人都希望有一个人可以倾听自己，让自己感受到尊重甚至是恭维，但很少有人喜欢随身带一个“喇叭”，时刻听其“长篇大论”。

可见，如果我们想要成为善于沟通的人，首先要做的是将说话的机会留给对方，让他去充分讲述自己关心的人与事；我们只需要牢记：一个受人喜欢的人，一个善于沟通的人，绝对是善于倾听者，而非喜欢说话的人。

凯文是一家重型汽车销售公司销售员，平时业绩非常不错。一天，老板叫住他：“凯文，你下午去一位老顾客那里拜访一下吧！他应该要换新的汽车了。”

凯文很意外，为什么老板会将这样好的机会给自己。就在他疑惑的时候，老板说：“去的时候要注意一些，在你之前已经有两位销售员被骂回来了。”

这时，凯文才知道，原来是一位非常难沟通的顾客。

下午，凯文带着自己的名片来到那位顾客家里，非常温和地说：“您好，我是 ×× 重型汽车销售公司的销售员，我叫凯文……”

凯文还没把自己的话说完，对方已经十分不友好地打断了他的话：“你是汽车销售公司派来给我推销汽车的人吗？你知不知道，你们公司的服务态度实在成问题，而且，汽车报价也不真实，交接车的时间也出现了差错，让我等了很久。我接到车后还发现，车内装及配备与谈的时候根本不相符……”

顾客似乎已经积了一肚子的怨气。他就坐在那里，喋喋不休地讲着汽车销售公司的不好，以及汽车的问题等。凯文始终认真地听着顾客抱怨，一句辩解的话也没有。顾客说到口干时，才终于停了下来，喝一口水，并长长吐一口气，好像胸中的怨气都被刚刚吐光了一样轻松。

也直到这时，顾客才发现凯文并不是之前来的那两位，于是笑起来："原来换了销售员？我说怎么这么安静呢！之前那两位可比你能说多了。小伙子，你确定自己这样能卖出汽车吗？"

凯文并没有反驳，只是笑了笑，说："倾听顾客的意见是我们销售工作的一部分。"

那位顾客听完凯文的话，居然有些不好意思起来，拍了拍沙发，说："坐吧，小伙子，顺便将你们公司的新车目录给我看看，帮我介绍一下吧！"

这时，凯文拿出了自己的汽车目录单，开始为顾客介绍汽车。没谈多长时间，顾客便当场拍板："小伙子，我看你是个实在人，不但尊重顾客，而且也非常有诚意，所以，我现在就订购两台重型汽车。"

就这样，凯文没费多少口舌，轻松售出了两台重型汽车，而且还充分获取了顾客的信任与好感。

世界上最优秀上的销售员就总结过：如果你想成为最好的推销者，请将倾听与说话的比例调整好，70%的时间应该让给顾客来说话，你只能处于倾听状态，剩下30%的时间，才是你用来赞美、鼓励、建议、提问的。这就是著名的"两只耳朵一张嘴"推销法则。我们其他人沟通时也是如此，不管对方是什么人，想要达成良好沟通，多听少说，非常必要。

倾听是一个人的修养表现，它能让我们保持安静、稳重，让我们适时给对方以恭维与尊重。这样的倾听者，是每一个人都喜欢的，因为在我们倾听的过程中，诉说者可以充分感受自己诉说的畅快，同时也能感受到自己得到了应有的尊重，这让对方心情愉悦，更对我们心有好感。

当我们面对他人滔滔不绝时，不但会将自己的内心不经意告知对方，还会让别人的耳朵感觉不堪其扰。这样的做法，非常不讨人喜欢，也正是因为如此，人们才将爱说话，一说就停不下来的人称之为"喇叭"。这显然是一种贬低，因为喇叭于我们来说代表着噪音，试想，谁会喜欢让自己的身边时刻充满噪音呢？真是这样，大家躲还来不及，又怎么可能愿意走近并与之进行沟通？

如果我们想要成为善于沟通的人，一定要记得适时闭上嘴巴，减少我们说话的数量。就如同所有会说话、会推销的大师所说的那样，我们最好的沟通技巧就是：倾听！倾听！倾听！倾听能让我们更受欢迎，能让我们获得更多机会，能让我们沟通无往不利！

微笑与倾听不仅是做人的智慧
也是沟通的必备法则

犹太人一直是世界人民公认的聪明者。他们之所以可以成为这样聪明的人，除了与日常的读书有关之外，还与微笑、倾听有关。因为在《阿拉伯史》中，犹太法则的第七条与第八条便分别是笑与倾听。正是因为这两种伟大的特质，犹太人在面临了前所未有的苦难后，依旧能够在激烈、复杂的社会竞争中存活下来。

其实，微笑与倾听不仅是做人的智慧，也是沟通的必备法则。想要成为一个善于沟通的人，我们必须要懂得倾听，而且，还要在倾听时时刻保持面带微笑。

奎恩结婚快要 20 年了。他每天都是按时起床，按时上下班，出门时与妻子说再见，进公司主动与同事打招呼。但所有人都感觉奎恩是最不好打交道的人，而且也是最沉闷的人。这让他非常不解。他与妻子抱怨："我对所有人做到了礼貌，与所有见面的人打招呼，听需要的人倾诉，还有我这么好脾气、耐心的人吗？"

妻子想了想，说："社区有一个继续教育培训班，也许那里会对你的疑惑给出答案。"

奎恩实在想不通为什么自己做人这么失败，便听从了妻子的意见，去参加社区培训。

没想到，培训老师却告诉他："请你出门去体验一下，不管与任何人打招呼，或者听任何说话，都保持面带微笑。过一星期，你再看效果。"

对老师的这个要求，奎恩有些哭笑不得，但他很想验证一下效果，就按老师说的做了。早上出门时，他第一次对妻子保持微笑，说："亲爱的，我上班去了，再见。"妻子几乎不敢相信自己的眼睛，嘴里却愉快地说："亲爱的，再见。"

奎恩感觉出妻子与平日有所不同——她不再是平淡地点头，也不是简短地“嗯”，而是笑着回应自己“亲爱的”。

当奎恩出社区的时候，第一次对电梯管理员笑了，嘴里还是往常说的那两个字：“早安。”管理员马上还他一个温和的微笑：“早安。”这完全不像平日，因为平时他与管理员打招呼时，管理员只会头也不抬地回答“早安”。

奎恩似乎发现了微笑的魅力。他开始时时面带着微笑，与每一个人打招呼；面带微笑，倾听同事满腹牢骚；面带微笑，对上司说出自己的意见……

很快，人们都说奎恩变了，变得生动而且有人情味，不但善解人意而且更加易于让人接近。奎恩终于明白，面无表情的时候，说得再多，做得再到位，都不如微笑更能拉近与他人的距离，也不如微笑更让人愉快。

有位哲人说过：“微笑，它不花费什么，但却创造了许多成果。它丰富了那些接受的人，而又不使给予的人变得贫瘠。他在一刹那间产生，却给人留下永恒的记忆。”确实，微笑是一把打开人与人之间紧张关系的金钥匙，它不但能让对方向我们敞开心灵，更能让对方充分感受到我们的热情与修养，以及我们对他所赋予的尊重。

倾听虽然是沟通的必要方法，而一种面无表情的倾听远远不及微笑着倾听更能打动对方。因为面无表情会给对方犹疑与不安，他人不能确定我们是不是在认真倾听，更不能确定我们是不是愿意倾听。这常常会让正在讲述的人忽然闭口，从而使双方交流尴尬收场。而微笑却不一样，它体现着倾听者的快乐感受，更体现着诉说者的激情与温馨。这为沟通的双方都带来平和、友好的心理感受，从而架起顺利沟通的桥梁。

有人不明白，不过是一个微笑而已，哪有这么大魅力？因为，微笑不仅仅是一种友好，它更像一缕化解陌生、猜疑的春风，可以轻松将对方内心存在的抵触荡平。而且，微笑倾听犹如一种肯定，它在告诉对方：我正在听你说话，而且听得津津有味。这是一种对诉说者的肯定，诉说者会因此对我们心存感激与好感。这为打开沟通的大门，起到强而有力的促进作用。

面对真诚的人，沟通者多数是不设防的，这让我们的沟通更加有效，更加顺畅。

能多听者必定智慧高深，而少说者贵品行出众

古人常说：多门之室生风，多言之人生祸。所谓祸从口出，就是因为说话太多，不注意自修品行而招致的。我们只要细心想一想就会明白，为什么佛像多为口小、耳朵大的形象。这样的面部结构恰恰说明一种禅意：小口只为减少说话的机会，而大耳则有益于倾听众生。所以佛耳能容天下烦琐，佛嘴能禁天下是非。如此，我们也便能够领会多听少说者的人生境界了：能多听者必定智慧高深，而少说者则品行出众。

在哲学界，流传着一个苏格拉底的小故事。它生动地表明，人想要有所成就，请学会少说多听的习惯。

有一个年轻人，口才非常好，但却一直无法与他人顺畅沟通，并成为人们崇敬的演讲大师。他非常不解，于是决定去找著名哲学家苏格拉底，向他请教如何与人沟通并成为演讲师。

苏格拉底热心地接待了那位年轻人，问他："你准备问我什么问题呢？"

为了表现自己的好口才，年轻人便讲起自己的生平来。他不但说得特别多，而且完全不给苏格拉底讲话机会。

听到最后，苏格拉底已经明白年轻人的问题所在，便说："你若想要在我这里得到关于如何与人沟通、成为演讲师的答案，就必须缴纳双倍的学费。不然，我不会教你。"

年轻人非常惊讶，说："你是一个名人，而且受人尊重，为什么要这样对我呢？我知道别人向你学习都只交很少的学费，有的甚至都不交，凭什么到了我这

里，却变成双倍的学费？这太不公平了。”

苏格拉底看了看年轻人，淡淡地说：“因为我不能只教你如何演讲，还要同时告诉你如何闭嘴，否则你永远成不了会与人沟通的演讲师。”

年轻人听完这句话，呆若木鸡。

希腊的哲人喀隆说过：“不要让你的舌头超出你的思想。”而芝诺则说：“我们之所以有两只耳朵而只有一张嘴，是为了让我们多听少说。”一个说起话来夸夸其谈，不顾及他人感受，甚至不知道如何停下来的人，永远也不可能成为善于沟通的人。因为在他滔滔不绝的时候，身边人已经产生了厌烦，而他却身在其中，毫不自知。

另外，说太多的话，必定会暴露自己的内心。这在沟通中是最大的损失。很多成功的企业家都认为，在与对方进行谈判的时候，最好的方法是让对方多说，而自己主要以听为主。弗洛伊德认为：“如果你能使别人谈得足够多，他简直无法掩饰其真实的情感或者真正的动机，如果你十分注意地听，并对对方说的一切话中所隐含的意思保持警觉的话，你就能把握住对方的秘密，同样，如果你不想让别人知道自己的真实思想，如果你不想‘显示出你的优势’，那么最好守口如瓶。”

多说话的人不是聪明，而是对自我内心的出卖。相反，一个少说多听的人，其智慧注定要超出多说话的人。少说话能让我们变得更有思想，更能帮助我们在内心修养自我品行，从而少犯错误，不惹人厌烦。一个注重听人讲话的人，充分彰显其成熟、聪明、内敛之相，而一个多听少说的人，又必定拥有尊重、友好、包容的内心。所谓多听长智慧，少说修品行，正是如此。

我们要先管住自己的嘴，再学会调动自己的耳朵，用心去倾听别人。不管到任何时候，听其言，观其行都是甄别他人的不二法则。墨子作为一个能言善辩的思想家，就这样告诫自己的弟子：一定要少说多听，同时更要听之能受，受之能耐、能忍。

当然，想要成为真正善于沟通的人，只多听少说还不够，一定要懂得听的智慧，要明白说的道理。少言可视为多思，因为不说话可以让大脑多思考。而多听则要学会善听，不能什么话都听，比如浮夸的无稽之谈，无聊的靡靡之音，还是少听、不听为妙。若想要让自己的沟通能力增长，则要多听先哲之言，多听无忌之语，不要让自己“耳朵掉下来变成舌头”，不要成为他人眼中愚蠢、无德的饶舌之徒。

对别人的话不求甚解，就会让倾听半途而废

从小，我们受到的教育就是做事要有始有终，不能虎头蛇尾，更不可半途而废。因为这只会让我们一事无成，懊悔终生。只不过，很多人不知道，倾听别人谈话也是如此，绝对不能半途而废。因为语言的魅力就在于其戏剧的转折性，如果我们根据对方上半句的话去迅速做出反应，它很可能只是一个引子，又或者只是一个“陷阱”，这对我们的沟通是非常不利的。

不仅如此，对别人的话听到一半就给打断，对他人的意思一知半解，都不是合格的沟通者应该做的事，都是显得没礼貌的事。

林克莱特是美国非常著名的主持人。他不但善于沟通，而且更善于倾听，所以非常受人们喜爱。

有一次，电视台做一档儿童访谈节目，领导要求林克莱特亲自担任主持。领导认为：“小朋友谈话非常难以让成人理解，这不利于话题的沟通，所以一定要善于沟通的林克莱特亲自上阵。”

节目开始了，林克莱特与台上的小朋友们打招呼。为了引起大家的兴趣，他故意问在场的小朋友：“大家觉得飞行员这份职业怎么样？”有的小朋友说：“很威风，衣服也很酷。”有的小朋友则说：“飞行员需要良好的身体，要求非常严格。”

这时，坐在后面的一个小朋友说：“我的愿望就是成为一名飞行员，专门驾驶飞机，为所有人服务。”

林克莱特觉得这个孩子很与众不同，便接着问：“可是，你知道做飞行员风险很大吗?

小朋友却坚定地说：“我不怕。”

“那如果你驾驶的飞机在天空飞行时，燃料用尽了，引擎即将熄火，这时你该怎么办呢？”林克莱特似乎想要与这个小朋友进行深度沟通。

这引起了在场观众的好奇，大家都认真地听着。

小朋友歪着头想了想：“我会让其他人坐好，并系牢安全带，我自己会跳伞，先离开。”台下原本认真倾听的观众，听到小朋友这样的回答，忍不住哄堂大笑。有的甚至笑着说：“真是个会为自己着想的孩子。”

可是，那个小朋友看着大家的样子，急得快要哭出来。林克莱特意识到了孩子还有话要说，便示意大家安静，继续问：“为什么是你自己先跳伞，而不是其他人呢？”

小朋友这才委屈地说：“我要快点去取燃料，我要在飞机降落之前回来，我是要回来救大家的。”

这时，观众席全都安静了，他们在小朋友急切的神态中，似乎看到来自于孩子的那份天真与天然的悲悯之情。

林克莱特带头鼓起了掌，对观众们说：“孩子的想法是我们所不能理解的，我们错误的领会了他的意图。”

在沟通过程中，之所以需要认真倾听，就是提醒我们，一定要全部理解对方的意思，要从对方的话语中听出他想要表达的真实感受。而这一点，是大多数人所做不到的，因为我们习惯着急发言，总在听到他人前半句的表述之后，就急于发表自己的看法。殊不知，我们可能因此就让倾听半途而废，进而曲解了对方的意思。

对他人的谈话进行耐心倾听，并保持由始至终的礼貌，才是一个善于沟通者应该做的事。这种行为本身不但表现我们良好的个人修养，也同样能满足谈话者符合自我逻辑的讲话方式。

现实生活中，很多人有不求甚解的习惯，因为在他们看来，说话比倾听更能表达自己的思想。而对于一个善于沟通的人来说，这是很要不得的想法。因为在我们对他人的谈话不求甚解时，就容易让倾听半途而废，而且还会自以为是的将自己的意思折射到他人所说的话中去。这会对谈话者所讲的内容产生很大误解，也会导致谈话者对我们心存成见。

想要成为一个善于沟通的人，我们首先要做到耐心，不要在倾听他人讲话时不专注。自古以来，尊重是相互的，我们耐心倾听他人的整个谈话过程，是对谈话者的尊重。当谈话者获得尊重之后，也会将相应的尊重回馈于倾听的我们。这才是沟通得以顺利进行的保障，达到沟通的目标。每个想要成为善于沟通者的人，都应该时刻记住，倾听只是一种沟通方法的名词概括，它还有其内在的技巧，这就是“听的艺术”。如果我们倾听他人谈话只听一半，那也就违背了倾听的技巧，有失听的艺术。